Pièces administratives

annexées au

Cours

élémentaire et pratique

d'administration municipale

sur les matières se rattachant particulièrement à la

comptabilité.

2ᵐᵉ Cahier.

Pièces administratives

annexées au

Cours

élémentaire et pratique

d'Administration municipale

sur les matières se rattachant particulièrement
à la Comptabilité,
fait

aux Élèves-maîtres de l'École normale
de l'Hérault

par

Frédéric Combes.

Chevalier de l'ordre Impérial de la Légion d'honneur, officier d'académie, Avocat, membre du Conseil Général de l'Hérault, Maire de Valflaunès, Président de la Commission de Surveillance de l'École normale primaire de l'Hérault, Membre du Conseil Départemental de l'Instruction publique, Membre du Conseil d'administration du Lycée de Montpellier, ancien membre du Conseil académique, ancien vice-Président de la Commission de surveillance de l'école normale d'Institutrices de l'Hérault, ancien vice-Président du Comité Supérieur de l'Instruction primaire de l'arrondissement de Montpellier, &c. . . . .

Montpellier.

1861

2.ᵉ Cahier.

1861

Pieces administratives

pour les affaires qui ont été traitées dans les annotations du titre 1er du Budget.

Contributions directes.

<table>
<tr><td>

</td><td>A
1</td><td>

Il résulte de la sous-répartition faite par le Conseil d'arrondissement de Montpellier dans sa séance du 23 Décembre 1860, que le principal des quatre Contributions directes afférent à la Commune de St Anatole pour l'année 1861 est fixé de la manière Suivante :

Principal de la Contribution foncière	4,566.35c
Principal de la Contribution personnelle & mobilière	315.00
Principal de la Contribution des Portes & fenêtres	218.00
Principal de la Contribution des Patentes	120.00

Total du principal des quatre Contribons directes. 5,219.35c

Certifié Conforme.

Le Préfet de l'Hérault

Sébastien

</td></tr>
<tr><td>

</td><td>A
2</td><td>

Saint-Anatole le 15 Novembre 1860

Monsieur le Préfet

Conformément aux ordres que vous m'avez transmis par votre Circulaire insérée au bulletin des actes administratifs, j'ai l'honneur de vous adresser une liste contenant les noms de vingt candidats aptes à remplir les fonctions de Commissaires répartiteurs pour l'année 1861; Cette liste est divisée en deux parties, l'une Comprend des propriétaires domiciliés dans ma Commune, au nombre de Douze ; la seconde des forains au nombre de huit. J'ai l'honneur d'être avec le plus profond respect Monsieur le Préfet, votre très humble et obéissant serviteur,

Le Maire de St Anatolie — Trulombe....

Candidats domiciliés.

MM.	1° Michel pierre, propre	MM. 7°	Roux Étienne, propr
	2° Soulier Cyprien id	8°	Arnaud Louis Pierre id
	3° Cabassut Lucien id	9°	Bernard félia — id
	4° Jordat auguste id	10°	Cassaigne antoine id
	5° Mazel Jacques id	11°	Fabre adrien — id
	6° Collet françois id	12°	Cavalier joseph — id

</td></tr>
</table>

Pièces Administratives.
Propriétaires Forains.
M. M.

1º Mestre Xavier, propre à Fontanes
2º Castan Joseph, négt à St Mathieu
3º Cavalier Henry, propre à Montpellier
4º Bastide Jean, proprre à Vacquières
5º Théron Joseph id à St Mathieu
6º Margoniez Antoine id à Claret
7º Arnaud Jacques id à Cettes
8º Arnaud Antoine négt à Montpellier.

Arrêté de nomination des Commissaires Répartiteurs.

A 3

Nous, Préfet du Département de l'Hérault, vu la loi du 3 frimaire an 7 &c.

Arrêtons : Art. 1er = Sont nommés Commissaires répartiteurs et Suppléants dans la Commune de St Anatole, pour en remplir les fonctions pendant l'année 1861, Savoir :

	M. M.		M. M.
Répartiteurs	1º Michel Pierre proprre à St Anatole		1º Hazel Jacques proprre à St Anatole
	2º Soulier Cyprien — id —	Suppléants	2º Collet François — id —
	3º Fadat Auguste — id —		3º Bernard félix — id —
	4º Mestre Xavier propre à Fontanès		4º Bastide Jean, propre à Vacquières
	5º Castan Joseph propre à St Mathieu		5º Théron Jacques Joseph propre à St Mathieu

Art. 2 = Les fonctions confiées à MM. les Répartiteurs et Suppléants ne peuvent être refusées par eux que pour l'un des Cas prévus aux articles 14 et 16 de la Loi du 3 frimaire an 7 et sous les peines portées par ladite loi.

Art. 3 = Dès la réception du présent arrêté, MM. les Maires en notifieront un extrait à chacun des répartiteurs et Suppléants nommés.

Art. 4 = Les Commissaires répartiteurs se réuniront sur la Convocation des maires, soit pour préparer le travail des mutations pour la Confection des Rôles des Contributions Directes, soit pour les autres opérations qui leur sont Confiées par les lois et règlements.

Art. 5 = Ils délibèrent en Commun à la majorité des Suffrages et ils ne peuvent prendre aucune délibération s'ils ne sont présents au nombre de Cinq au moins.

Art. 6 = En Cas d'absence ou d'empêchement des répartiteurs titulaires, les Maires appelleront les Suppléants pour remplacer les absents.

Montpellier le 25 Décembre 1860
Le Préfet de l'Hérault
Sébastien.

Numéros d'ordre.	Noms Prénoms et Demeures des Patentables	Bases de Cotisation.													Observations.	
		Droit fixe.							Droit proportionnel. Valeurs locatives imposables.						Observations.	
		Profession principale	Éléments variables du Droit fixe: Ouvriers, Métiers, broches, fours, mètres Cubes, hectolitres, etc et établiss.ts secondaires passibles d'un 1/2 Droit fixe.	Classe du tableau A et mention des tabl. B, C, D.	Quotité du Droit fixe exigible.	Nombre de droits fixes ou portions de Droits fixes imposables sur les établiss. — Principaux	— Secondaires	Patentables du tableau D & G non passibles du Droit fixe.	au 15e	au 20e	au 25e	au 30e	au 40e et au 50e 1/2 Droit du 25e	au 1/2 droit du 40e ou au 80e	du Maire	du Sous-Préfet.
1	Guibert Victor	Cabaretier		6	1	1				120						
3	Jean Nicolas	Laitier		2	1	1									Le Maire s'oppose à ce que Nicolas soit imposé comme laitier, attendu qu'il n'exerce point réellement cette profession, s'il vend de temps en temps quelque peu de lait il fait comme tout propriétaire de vignoble et possédant de la récolte.	

La présente matrice Comprenant **Cinq** articles a été rédigée par le Contrôleur des Contributions directes soussigné et déposée à la Mairie le 15 Juillet 1860.

St Pierre.

Le Maire soussigné Certifie que la présente matrice est restée déposée à la Mairie pendant dix Jours, et que les intéressés ont été mis à portée d'en prendre Connaissance et de lui remettre leurs observations.

À St Anatole le 25 Juillet 1860 =

La présente matrice a été transmise à Mr le Directeur des Contributions directes par le Préfet le 30 Juillet 1860.

Sébastien.

Avis aux Contribuables, Matrice des patentes	B 5	

Pièces administratives.

Le Maire de la Commune de St Anatole prévient ses administrés que la matrice des patentes restera déposée à la Mairie à partir du 15 jusqu'au 25 du présent mois, il les invite à en prendre Connaissance et à lui fournir leurs observations.

St Anatole le 24 Juillet 1860.

Le Maire, Frd Combres

Feuille de Patente.	B 6	

Patente de Cabaretier pour l'année 1861, délivrée en exécution de la loi du 25 Avril 1844, Art. 1er du rôle = Le Directeur des Contributions directes, Soussigné, Certifie que le Sr Tuibert Victor est imposé dans le rôle des patentes pour l'année 1861, pour la profession désignée Cidessus.

A Montpellier le 31 Décembre 1860.

Barrat

Vu par nous, Maire de la Commune, la présente formule, au moyen de laquelle le patentable y dénommé pourra exercer sa profession sans aucun empêchement, en se Conformant aux lois et règlements de police.

A St Anatole le 3 Janvier 1861. Frd Combres

Matrice Supplémentaire.	B 7	

Voir le No. 4 = On inscrit de plus sur cette matrice Supplémentaire et Trimestrielle, les renseignements Suivants : Sont-ils déjà patentés ? Sous quel article et en quelle qualité ? Mois à partir du quel ils doivent être patentés.

Avis aux Contribuables, Matrice Supplemtre	B 8	

Voir le No. 5 et mettre : Matrice Supplémentaire.

Avis aux propriétaires de Chiens.	C 9	

Taxe des chiens

Le Maire de la Commune de St Anatole prévient ses administrés que le registre pour recevoir les déclarations des propriétaires de Chiens sera ouvert à la Mairie le 1er Octobre prochain et Sera fermé le 15 Janvier 1861, Conformément à la loi du 2 Mai 1855.

St Anatole le 15 Septembre 1860

Le Maire Frd Combres

(Cachet de la Mairie)

Registre destiné aux Déclarations.	C 10	

No. 1. Déclaration du 15 Octobre 1860. = Mr Ivolas, adjoint au maire, demeurant à St Anatole = A déclaré posséder les Chiens ci-après désignés pour lesquels il devra payer pour l'année 1861, la taxe municipale établie par la loi du 2 Mai 1855 :

Pièces administratives.

1ère Catégorie (x) un chien d'agrément ou servant à la chasse.
2ᵉ Catégorie (x) Chien servant à guider les aveugles,
à garder les troupeaux, les habitations, les magasins,
ateliers, &ᵃ, et en général ceux qui ne sont pas compris
dans la Catégorie précédente, ci — — — — r

    Et a Signé :   *Ivolas* adjoint

(x) Le nombre de Chiens doit être écrit
ici en toutes lettres.)

Reporté à l'État-Matrice pour 1861, art.
1 (à remplir par les répartiteurs et le
percepteur.)

Nombre de Chiens :	
de la 1ère Catégorie	de la 2ᵉ Catégorie
un	"

Articles	Noms, Prénoms et Demeures des imposables.	Dates des Déclarations.	Déclarations faites par les imposables : Nombre de Chiens déclarés		Faits constatés par le Maire et les répartiteurs : Nombre de chiens existant au 1ᵉʳ Janvier		Observations du Maire et des Répartiteurs
			1ère Catég.	2ᵉ Catég.	1ère Catég.	2ᵉ Catég.	
1	Ivolas — St Anatole	15 octob. 1860	1	-	1	"	
2	Fadat — id	18 id		l	l	"	C'est une fausse déclaration, le chien qu'il possède lui sert à la chasse.
3	Couler — id	25 Xᵇʳᵉ 1860	"	'	l	"	N'a pas fait de déclaration et il possède un chien de chasse depuis longtemps.
			1	1	3	"	

    Rédigé le présent état par nous, Maire et Commissaires répartiteurs de
la Commune de St Anatole, assistés du Percepteur des Contributions Directes.
    A St Anatole le 20 Janvier 1861.

Le Maire   Les Commissaires répartiteurs,   Le Percepteur
[signatures] Fadat Mestre Ivolas adj. St Pierre.

    Le Directeur des Contributions Directes certifie que les taxes portées au présent
état ont été établies d'après le tarif applicable à la Commune de Saint-Anatole
et conformément aux faits constatés par le Maire et les Commissaires répartiteurs.
    A Montpellier le 30 Janvier 1861
    Barral.

Fonds placés au trésor

Département de l'Hérault
Arrondissement de Montpellier
Commune de St Anatole

    Le Maire de la Commune de St Anatole, Vu : 1º L'arrêté de
Mᵉ le Ministre des Finances, du 25 Novembre 1824, sur le mode et
les conditions des placements en Comptes Courants faits au trésor par
les Communes et établissements publics ;

Pièces administratives. C

2.ᵉ La demande du Receveur Municipal, exposant que les besoins de la Commune exigent le remboursement d'une partie de ces fonds placés au trésor, à l'effet de pourvoir au paiement des dépenses allouées par le Budget, savoir :

Au traitement du desservant.

3.ᵉ Le Compte Courant a la Commune avec le trésor public, d'où il résulte que le crédit actuel est de 3000 francs.

4.ᵉ Le budget communal qui porte la recette ordinaire à 3253ᶠ 37ᶜ dont le douzième est de : 271,11ᶜ —

Considérant que Cette demande est fondée,

Arrête :

Le Receveur des Finances de l'arrondissement de Montpellier remboursera au Receveur Municipal de la Commune de St Anatole la somme de Cent francs sur les fonds placés par cette Commune au trésor public. — Le présent mandat dûment acquitté par ce dernier Comptable, sera alloué en dépense au Receveur des Finances.

Fait à St Anatole le 15 Juillet 1861 — Le Maire *[signature]*

(Sceau de la Mairie).

Pour acquit de la Somme de Cent francs ; A Montpellier le 20 Juillet 1861
Le Receveur de St Anatole — Bonniol.

Redevances et Terrains usurpés.

<table>
<tr><td rowspan="2">N.ᵒˢ d'ordre du rapport des experts</td><td rowspan="2">Noms et Prénoms des Concessionnaires.</td><td rowspan="2">Domicile</td><td colspan="3">Sommes à payer.</td><td rowspan="2">Émargement des paiements par le Receveur Municipal</td></tr>
<tr><td>Avances d'après le rapport des experts</td><td>Frais de timbre et rôle</td><td>Total</td></tr>
<tr><td>1</td><td>Thiroud Jean à St Anatole</td><td>St Anatole</td><td>3 ..</td><td>" 30</td><td>3 30</td><td></td></tr>
<tr><td>2</td><td>Pagel Jacques, héritier de Pagel hyp.l</td><td>Valflaunès</td><td>2 ..</td><td>" 20</td><td>2 20</td><td></td></tr>
<tr><td>3</td><td>Perrier Louis héritier de Perrier Joseph</td><td>St Mathieu</td><td>1 ..</td><td>" 10</td><td>1 10</td><td></td></tr>
<tr><td>4</td><td>Catala Eugène acquéreur de Bruguière antoine</td><td>St anatole</td><td>2 ..</td><td>" 20</td><td>2 20</td><td></td></tr>
<tr><td>5</td><td>Fournier Jean, acquéreur de Thibaud</td><td>St anatole</td><td>4 ..</td><td>" 40</td><td>4 40</td><td></td></tr>
<tr><td>6</td><td>Sabatier Guillaume</td><td>St anatole</td><td>3 ..</td><td>" 30</td><td>3 30</td><td></td></tr>
<tr><td></td><td></td><td></td><td>15 ..</td><td>1 50</td><td>16 50</td><td></td></tr>
</table>

Fait et Dressé par nous, Maire de la Commune de St Anatole — A St Anatole le 10 Juillet 1860 — Le Maire *[signature]*

(Sceau de la Mairie)

Vu et arrêté le présent rôle à la Somme de Seize francs Cinquante Centimes. dont le Receveur Municipal de la Commune de St Anatole est chargé d'opérer le recouvrement

J 12

Rôle dressé pour le recouvrement des redevances dues pour la jouissance des terrains concédés en vertu de la loi du 9 Ventose an XII et de l'art. 1er de l'arrêté de Mr le Préfet de l'Hérault du ... 1860, a ceux qui les ont usurpés et qui en ont fait la déclaration.

Exercice 1861

avant l'expiration de l'exercice 1861, en se conformant aux dispositions de l'article 63 de la loi du 18 juillet 1837 — Montpellier le 1er Août 1860 — Pour le Préfet et par délégation — Le Secrétaire général — Champrel.

Constatation des usurpations.

J 13

L'An 1860 et le 1er Octobre, nous Ivolas Jean, adjoint au Maire de la Commune de St Anatole, agissant en vertu d'une délégation spéciale à nous donnée par ce magistrat, à l'effet de Constater les usurpations des biens Communaux appartenant à ladite Commune et de procéder à leur reconnaissance, nous sommes transportés à la Pâture ou Garrigue Communale appelée la Rouvière et après avoir reconnu les usurpations nous les avons Constatées dans le tableau suivant :

N° d'ordre	Désignation des Détenteurs.	Nature des terrains usurpés et indication des lieux où ils sont situés.	Contenance des terrains (h a c)	Date approximative des usurps
1	Bony Fulcrand propr. à St Anatole	une portion de garrigue au terroir de la Rouvière —	1.40.00	60 ans
2	Balestrier Jacques id	— id —	.50.00	60 ans
3	Barot Guillaume id	— id —	1.20.00	id
4	Ricome Etienne id	— id —	".30.00	22 ans
5	Fournel Guillaume id	— id —	2.50.00	id
6	Cassaigne Antoine id	— id —	1.20.30	id
			7.10.30	

Fait et arrêté le présent Procès-Verbal de reconnaissance des biens usurpés dans la Commune de St Anatole, s'élevant en Superficie à la quantité de Sept hectares, dix ares, trente Centiares, par nous adjoint de ladite Commune, les jour, mois et an susdits.   *Ivolas* adj.

Délibération du Conseil municipal qui ordonne la revendication des terrains usurpés et autorise le Action aux détenteurs.

J 14

L'an 1860 et le 25 Décembre, le Conseil municipal de la Commune de St Anatole, réuni extraordinairement au lieu ordinaire de Ses Séances, en vertu de l'autorisation de Mr le Préfet en date du 10 de ... mois et de la Convocation faite par le Maire le 20. — Présents : MM. Frédéric Combres Maire, Ivolas adjoint, Michel, Soulier, Raux, Bernard, Cabassut, Hérisé, Fadat, Salze et Collet, membres du Conseil Municipal.

Il a été, Conformément à l'article 19 de la loi du 5 Mai 1855, procédé immédiatement après l'ouverture de la Séance, à la nomination d'un secrétaire pris dans le Sein du Conseil ; Mr Michel ayant obtenu au Scrutin la majorité des Suffrages, a été désigné pour remplir Ces fonctions qu'il a acceptées.

Le Maire a dit : MM. les Terrains Communaux ont été usurpés à deux époques différentes ; nous Serions Coupables d'une grande négligence si nous ne revendiquions les droits de propriété de la Commune ; nous avons fait dresser par notre adjoint Mr Ivolas un tableau qui Sera mis

Pièces administratives

sous vos yeux, constatant les noms des détenteurs et la contenance approximative de ces terrains ; nous avons l'honneur de vous proposer de voter, en principe, que des poursuites seront exercées contre les détenteurs et que les terrains seront concédés à ceux d'entre eux qui demanderont d'en devenir propriétaires, moyennant paiement et restitution des fruits de Cinq annuités.

Le Conseil approuve, à l'unanimité, ces propositions et les délibérants ont signé après lecture faite, les jour, mois et an que dessus. Vidal, E. Soulié, Raux, Bernard, L. Cabassut, Mestre, Fabre, Collet, Fabre adjt. [Pioluc] adjt. Fréd. Combes.

Vu et Approuvé par nous Préfet de l'Hérault = Montpellier le 27 Décembre 1860 = Sébastien =

<table>
<tr><td>

Approbation en principe de cette délibération par le préfet et instructions données par ce magistrat.

J 15
</td><td>

Montpellier le 28 Décembre 1860 = Monsieur le Maire

J'approuve en principe la délibération du 25 Décembre 1860 par laquelle le Conseil municipal de la Commune de St Anatole a proposé la concession en faveur des détenteurs soumissionnaires de divers terrains d'origine communale qui ont été défrichés.

Pour que cette délibération reçoive son entière exécution, il faut faire préalablement procéder à la reconnaissance et à l'estimation des terrains défrichés. L'expert qui sera chargé de ce travail devra rédiger son opération sous la forme d'un tableau dont je vous envoie le modèle.

Ce travail, auquel sera joint un plan parcellaire, me sera adressé en double expédition, pour être communiqué à Monsieur le Directeur des Contributions directes qui donnera son avis sur le mérite des évaluations.

Si parmi les terrains défrichés il en est qui peuvent être utiles à la généralité des habitants tant sous le rapport de la dépaissance que sous celui de la viabilité publique, l'expert devra les porter sur un état spécial. Cet état sera joint au dossier en double original.

Agréez, Monsieur le Maire, l'assurance de ma considération distinguée = Le Préfet de l'Hérault = Sébastien.

À Monsieur le Maire de la Commune de St Anatole.
</td></tr>
<tr><td>

Procès-verbal de reconnaissance, d'estimation et d'arpentage des terrains d'origine communale qui ont été défrichés.

J 16
</td><td>

L'an 1860 et le 30 Décembre, l'expert soussigné, nommé par arrêté de Mr le Préfet de l'Hérault, en date du 26 de ce mois, à l'effet de procéder conformément aux dispositions de l'article 1er de l'ordonnance royale du 23 Juin 1819, à la reconnaissance, à l'estimation et à
</td></tr>
</table>

Pièces administratives.

L'arpentage des biens usurpés au préjudice de la Commune de St Anatole, s'est transporté assisté de Mr. Mr. Michel et Collet, membres du Conseil municipal, sur les divers terrains qui lui ont été indiqués comme ayant été usurpés et il en a fait la reconnaissance, l'estimation et l'arpentage ainsi qu'il va l'établir dans le tableau ci-contre. Il a employé à la confection de ce travail soixante trois vacations pour le montant desquelles il lui est dû la Somme de Deux Cent Cinquante deux francs.

Les jour, mois et an que dessus.

L. Bonne...

Numéro d'ordre.	Noms, Prénoms et Professions des Détenteurs.	Demeure.	Contenance des terrains usurpés — Hectares	Ares	Centiares	Genre de culture que les Terrains ont été.	Nature des terrains sur lesquels les usurpations ont été faites.	N° du plan Cadastral.	Sections.	Événements ou Lieux dits.	Confronts.	Époque des défrichements.	Classe à laquelle les terrains appartiennent.	Valeur des terrains, déduction faite de la plus value qu'ils ont.	Montant de la redevance annuelle.	Montant des arrérages dus jusqu'au 31 Xbre 1860.	Observations.
1	Bourys Ferdinand propr.ᵉ	St Anatole	1	40	"	Vignes	Garrigues	58	C	La Rouvière	du levant, pierre Bros; du couchant la portion de garrigue usurpée par Cassaigne, du nord l'enter cassé et la portion usurpée par Fournil, du midi aut. Bourys et Pras.	en l'année 1800	1re	340 f	17 f	85 f	
2	Balestrier Jacques, propr.	id	"	50	"	id	id	id	id	id		id	id	200	10 f	50 f	
3	Barot Guillaume propr.	id	1	20	"	id	id	id	id	id		id	3e	180	9	45 f	
4	Ricome Étienne Cultivateur	id	"	30	"	id	id	id	id	id		en l'année 1838	id	125	6.25	31.25	
5	Fournil Guillaume Cultivateur	id	2	50	"	id	id	id	id	id		id	id	625	31.25	1562.5	
6	Cassaigne Guillaume agricu.ᵉ	id	1	20	30	id	id	id	id	id		id	3e	180	9	45	
			7	10	30									1650	82.50	1815.25	

Clos et arrêté le présent rapport le 1er Décembre 1860 — L'expert — L. Bonne...

Pièces administratives.

I – 17

Plan
de la garrigue avec l'indication des terrains usurpés, de leur contenance et des noms des Détenteurs.

Nord — Midi — Couchant — Levant

N° 2 — 50 Ares.

N° 3 — 2 H. 50 A.

N° 5 — 1 Hect. 20 Ares.

N° 1 — 1 Hect. 40 Ares.

N° 6 — 1 Hect. 10 Ares 30 Cent.

N° 4 — 50 Ares.

Terrain de la Rouvière. Section C. N° 58.

Fait et dressé par nous Louis Bonnet expert.
Le trente Décembre 1860
L. Bonnet

N°s	Noms et Prénoms des Détenteurs	Contenance		
		Hect	Ares	Cent
1	Bonys Fulcrand	1	40	"
2	Baldoui Jacques	"	50	"
3	Barot Guillaume	1	20	"
4	Ricaux Etienne	"	30	"
5	Fournil Guillaume	2	50	"
6	Castaigne Guillaume	1	20	30
		7	10	30

Pièces administratives.

Montpellier le 5 Janvier 1861. Monsieur le Maire.

J'ai l'honneur de vous envoyer le rapport de l'expert Mᵣ Bonne, sur la reconnaissance et l'évaluation des terrains défrichés appartenant à la Commune de St Anatole et qui peuvent être Concédés. Ce travail, qui a reçu pour ce qui concerne les évaluations, la sanction de Mr le Directeur des Contributions directes du Département sera soumis au Conseil municipal qui devra l'adopter, s'il y a lieu, et déterminer les Conditions de la Concession.

Ces Conditions devront astreindre les Concessionnaires: 1° à payer le prix résultant de l'évaluation des terrains et l'indemnité pour indue jouissance par annuités et dans un délai que le Conseil fixera, mais qui ne devra pas excéder 5 ou 6 ans; 2° à servir à la Commune, les intérêts jusqu'à parfaite libération en ayant égard toutefois à la décroissance du Capital; 3° à clore par un des moyens indiqués par la loi les propriétés cédées; 4° à payer au prorata les frais de reconnaissance et de Concession; 5° à passer acte public de Concession.

Après que le Conseil municipal aura pris une délibération en ce sens en ayant soin d'indiquer les autres Conditions qui lui paraîtraient devoir être imposées, les détenteurs devront être appelés à faire la déclaration de devenir propriétaires définitifs des terrains par eux défrichés aux Conditions de cette délibération. Ces déclarations seront reçues sur un tableau dressé conformément au rapport de l'expert, on y ajoutera seulement une colonne pour recevoir les signatures des déclarants.

Vous m'adresserez en double le tableau des déclarations, la délibération fixant les Conditions de la Concession, un calque du plan dressé par l'expert, et j'autoriserai ensuite l'ouverture d'une enquête de Commodo et incommodo.

Les terrains qui n'auront pas été déclarés seront portés sur un état Spécial. Ces terrains, ainsi que ceux désignés comme utiles à la généralité des habitants, tant sous le rapport de la dépaissance que sous celui de la viabilité, seront restitués à la Commune. Je vous donnerai plus tard les instructions nécessaires pour contraindre les détenteurs au délaissement.

Agréez, Monsieur le Maire, l'assurance de ma Considération distinguée.

Pour le Préfet.

Le secrétaire général délégué

Champel.

Pièces administratives.

Délibération
du Conseil M^{al}
approuvant le
rapport et déter-
-minant les Condi-
tions à imposer
aux détenteurs
pour la
Concession.

J
19

L'an 1861 et le 2 Février, le Conseil municipal de la Commune de Saint anatole réuni en Session ordinaire au lieu habituel de ses Séances, par suite de la Convocation faite par le maire Sous la date du 25 du mois de Janvier;

Présents : M. M. Frédéric Combres maire; Ivolas adjoint; Michel, Soulier, Roux, Bernard, Cabascat, Fadat, Salze et Collet membres du Conseil municipal.

Absent : M. Restre qui a fait parvenir au Conseil des motifs d'excuses.

Les Conseillers présents &c &c (Nomination du Secrétaire, Voir le N° 1ᴴ).

M. le maire a dit : Messieurs, par votre délibération du 23 Décembre dernier vous avez décidé, en principe, que la Commune reven-diquerait Ses droits de propriété Sur les biens Communaux usurpés et les concèderait aux détenteurs qui demanderaient à en devenir pro-priétaires moyennant paiement et restitution des fruits de Cinq annuités. M. Bonne, dont vous Connaissez la Capacité et la probité, a procédé à l'expertise de ces biens; Son rapport a été adressé à M. le Préfet qui, après l'avoir examiné l'a communiqué à M. le Directeur des Contributions directes à l'effet d'en vérifier les évaluations et nous l'a renvoyé pour être Soumis à votre approbation. Veuillez donc, Messieurs, l'examiner et si vous l'acceptez, vous voudrez bien déterminer les Conditions à imposer aux détenteurs pour la Conces-sion. ₌ Le Conseil déclare approuver ce rapport et décide que les détenteurs pourront devenir concessionnaires des terrains par eux usurpés S'ils consentent : 1° à payer à la Commune le prix résultant de leur évaluation et l'indemnité pour indûe jouissance par annuités dans un délai de Cinq années, la première de ces annuités devant avoir lieu le premier juillet 1861; 2° à Servir les intérêts à raison de Cinq pour Cent, payables d'avance à partir de cette époque jusqu'à parfaite libération, en ayant égard toutefois à la décroissance du Capital; 3° à clore par un des moyens indiqués par la loi les propriétés cédées; 4° à payer au prorata les frais de reconnaissance et de Concession; 5° à passer acte public de leur acquisition. ₌ Ils se Soumettront ensuite aux Conditions Suivantes : à défaut par le Concessionnaire d'opérer le paiement du prix et inté-rêts dans les délais cidessus fixés, un mois après un Commandement infructueux, il pourra être procédé par voie administrative et

Pièces administratives.

sans recours aux tribunaux, à la revente des immeubles aux enchères publiques, sur l'autorisation qui en sera donnée à la Commune par Mr le préfet de l'hérault. En cas d'enchères, le Concessionnaire sera passible de la différence en moins du prix de la Concession, la différence en plus, s'il y en avait, tournerait au profit de la Commune. Il ne sera restitué au Concessionnaire aucune partie des frais de mutations et autres ni aucun à-compte qu'il pourrait avoir payé sur le prix, les dits à comptes demeurant acquis à la Commune à titre de dommages-intérêts.

Délibéré les jour, mois et an que dessus, et les membres présents ont signé après lecture faite

Raux   E Saulles   Michel   Ivolas adjoint.
Bernard   Cabassut   Fladat   Sulze   Collet
Le Maire
Frid Combres

Vu et Approuvé par le préfet de l'hérault le 4 Janvier 1861.
Sébastien.

Avis
aux détenteurs
de déclarer à la
mairie s'ils
acceptent les
Conditions imposées
par le C.l p.al
ou s'ils préfèrent
délaisser les
terrains usurpés.

J
20

Les Détenteurs des terrains communaux usurpés dans la Commune, au ténement de la Rouvière sont invités à se présenter à la mairie à partir du 16 jusqu'au 23 Février inclus à l'effet: 1.° de prendre Connaissance de la délibération du Conseil municipal sous la date du 2 de ce mois dans laquelle ce Conseil a déterminé les Conditions sous lesquelles ils pourront devenir propriétaires définitifs; 2.° de déclarer s'ils veulent accepter ces Conditions ou délaisser les terrains dont ils jouissent indûment. Faute par eux de ce faire dans le délai cidessus indiqué, des mesures seront prises pour faire prononcer leur éviction par les tribunaux Compétents.
Fait à S.t Anatole le 15 Février 1861
Le Maire.   Frid Combres

Registre
J
21

Tableau ou Registre

Contenant les déclarations des détenteurs de terrains usurpés, appartenant à la Commune de Saint Anatole, dans lequel ils

Pièces administratives.

Contenant les
déclarations
des
Détenteurs.

(suite)

s'engagent à approuver l'estimation de ces terrains et l'évaluation des arérages et à payer à ladite commune le montant de cette évaluation et estimation en se conformant de plus aux conditions imposées par le Conseil municipal, dans sa délibération du 2 février 1861, pour la concession de ces terrains aux soumissionnaires.

Le présent registre est ouvert à la mairie le 15 du présent mois, par nous maire de la dite commune et sera clôturé le 23 dudit mois. = St Anatole le 15 février 1861.

Le Maire.

Fd Combres

N° d'or.	Noms, Prénoms, Profession des Détenteurs.	Demeure	Contenance des terrains usurpés — Hect.	Ares	Cent.	Genre de culture que les terrains ont reçu ?	Nature des terrains sur lesquels les usurpations ont été faites.	N°s du plan Cadastral	Sections	Ténements ou Lieux-dits.
1	Barot Guillaume propre.	St Anatole	1	20	...	Vigne et Garrigue	Garrigue	58	C	Bouviere

Confronts.	Époque des défri-che-ments.	Classe à laquelle les terrains appartiennent.	Valeur des terrains déduction faite de la plus-value qui leur a été donnée.	Montant de la redevance annuelle.	Montant des arérages dûs jusqu'au 31 Xbre 1861	Signature du Déclarant.
du levant la partie occupée par Boulestrier Jacques, du couchant Ethéraud Jean ; du nord le même et du midi l'entier Corps.	en l'année 1800.	3e	180 F "	9 F	43 F ""	Je déclare me soumettre à toutes les conditions imposées en tête de ce tableau, à l'effet de devenir Concessionnaire. St Anatole, 17 février 1861. Barot

Clos et arrêté le présent registre contenant une déclaration. St Anatole le 23 février 1861.

Le Maire.

Fd Combres

Pièces administratives.

<table>
<tr><td rowspan="2" style="text-align:left">Tableau
des détenteurs qui
ne se sont pas
présentés pour
faire leur déclara-
tion, ou qui ont
refusé.</td><td>T
22</td><td>

Nos d'ordre.	Noms et Prénoms.	Domicile.	
1	Bonys fulcrand, propr^{re}	à St anatole	
2	Balestier Jacques, propr^{re}	id.	
3	Ricome Etienne, cultiv^{eur}	id.	
4	Fournel Guillaume, Cultiv.	id.	
5	Cassaigne Guillaume, agricult.	id	

</td></tr>
</table>

Certifié sincère et véritable et dressé par nous maire de la Commune de St Anatole le 24 février 1861.

Le Maire. Frid Combes

Afiche
d'enquête de
Commodo
et incommodo. — T 23

 Le préfet ayant ordonné une enquête de Commodo et incommodo, le maire fait aficher l'avis suivant :

 Le maire de la Commune de St Anatole prévient ses Conci-toyens qu'un arrêté de Mr le Préfet de l'Hérault, en date du 1er Mars 1861, a ordonné une enquête de Commodo et incommodo sur le projet de Concéder les terrains usurpés dans la Commune, aux détenteurs qui ont déclaré vouloir en devenir propriétaires et a nommé Mr Jeanjean maire à Fontanès pour y procéder.

 Qu'en Conséquence les pièces relatives à ce projet resteront déposées pendant 15 Jours, du 8 au 23 Mars inclus, à la mairie où les habitants pourront en prendre Connaissance.

 A l'expiration de ce délai, une enquête de commodo et incommodo Sera ouverte le 24 du même mois à huit heures du matin et Sera close le même jour à 6 heures du Soir, par le Commissaire enquêteur, à l'effet de recevoir les déclarations des habitants sur les avantages et les incon-vénients qui pourraient résulter de ce projet.

St Anatole le 7 Mars 1861.

Le Maire. Frid Combes

Procès-Verbal — T 24

 Aujourd'hui 24 Mars 1861 à huit heures du matin, en la mairie de St Anatole, nous Jeanjean maire de la Commune de Fontanès,

Pièces administratives

chargé par M. le préfet du département de l'Hérault, suivant sa lettre du 5 de ce mois, de procéder conformément aux dispositions de l'article 7 du décret du 15 Octobre 1810, à une enquête de commodo et incommodo relativement au projet de concéder aux détenteurs les terrains usurpés au tènement de la Rouvière dans ladite Commune de St Anatole; laquelle enquête a été annoncée 8 jours à l'avance à son de Caisse et par voie d'affiches placardées aux lieux accoutumés afin que les intéressés ne puissent en ignorer et que cette publicité autorise à considérer le silence des absents comme un vote afirmatif.

Après avoir invité une dernière fois aujourd'hui à son de Caisse les habitants de la Commune à comparaître devant nous pour exprimer leur voeu sur le projet dont il s'agit;

Avons ouvert le présent procès-verbal et, lecture faite aux personnes présentes du préambule ci-dessus, nous avons procédé à la réception des déclarations, lesquelles nous ont été faites individuellement et successivement ainsi qu'il suit :

. . . .

Personne ne s'étant présenté et attendu que l'heure fixée pour la clôture de l'information est expirée, nous avons clos et arrêté le présent procès-verbal à 6 heures de l'après-midi des jour, mois et an que dessus et avons signé.

Jeanjean

Le Commissaire enquêteur soussigné est d'avis que ce projet est bien conçu et que la vente de ces biens, sans diminuer la valeur des pâturages de la Commune, augmentera sensiblement ses revenus. — les jour, mois et an que dessus.

Jeanjean.

Cette enquête ayant été adressée au préfet, ce magistrat répond au Maire:

Montpellier le 15 Avril 1861. — J'ai l'honneur de vous adresser une expédition de l'arrêté du 10 de ce mois pris en Conseil de préfecture, par lequel j'ai autorisé la Commune de St Anatole à concéder aux détenteurs soumissionnaires, divers terrains d'origine communale qui ont été défrichés.

Je vous prie d'assurer l'exécution de cet arrêté et de soumettre à mon approbation la minute de l'acte qui interviendra.

Après la passation de l'acte, vous aurez à dresser et à me

transmettre en double, dont l'un sur timbre, pour être rendus exécutoires :

1º un rôle pour le recouvrement de la somme de trente-sise francs représentant le cinquième de l'évaluation des terrains ;

2º un rôle pour le recouvrement de la somme de neuf francs représentant le cinquième de l'indemnité pour indue jouissance ;

3º un rôle pour le recouvrement des frais de reconnaissance et de Concession. = Agréez &ª = Le Préfet – Sébastien.

Nous Préfet de l'Hérault, séant en Conseil de préfecture,

Vu la délibération du 2 février 1861 par laquelle le Conseil municipal de la Commune de Sᵗ Anatole consent à céder aux détenteurs de terrains communaux la propriété de ces terrains, moyennant paiement et restitution de fruits et aux Conditions exprimées dans cette délibération ;

Vu le rapport de Mʳ Bonne, expert, sur la reconnaissance et l'évaluation des terrains à Concéder ;

Vu les déclarations des détenteurs soumissionnaires ;

Vu l'enquête du 24 Mars 1861 de Commodo et incommodo ;

Vu l'article 46 de la loi du 18 Juillet 1837 et la circulaire du Ministre de l'intérieur du 10 Juin 1843 ;

Considérant que cette vente est avantageuse à la Commune ;

Le Conseil de Préfecture entendu ;

Arrêtons :

Art. 1ᵉʳ – La Commune de Sᵗ Anatole est autorisée à concéder aux détenteurs qui ont fait la déclaration de les acquérir, un hectare, vingt ares de terrains défrichés d'origine communale.

Art. 2ᵉ – Cette concession sera faite à la charge par les détenteurs

1º De passer acte public de la Concession ; – 2º De payer en cinq annuités et par portions égales la somme de Cent-quatre-vingt francs résultant de l'évaluation des terrains, et celle de quarante-cinq francs à titre d'indemnité pour indue jouissance ; – 3º de servir à la Commune les intérêts des sommes dues jusqu'à parfaite libération, en ayant égard toutefois à la décroissance du Capital ; 4º de clore par un des moyens indiqués par la loi du 28 Septembre 1791, les propriétés cédées ; – 5º d'acquitter en un seul paiement, au prorata du prix des terrains concédés, tous les frais de reconnaissance et de Concession.

Art. 3ᵉ – Dans le cas de non paiement du capital ou des inté-

- rêts et un mois après la signification du Commandement de mise en demeure resté infructueux, le présent acte sera réputé nul et non avenu, la Commune reprendra sans aucune formalité de justice, la propriété, possession et Jouissance des biens ci-dessus cédés, et en usera Comme si elle n'avait Jamais cessé d'être propriétaire. Fons à-compte donnés tourneront à Son profit à titre de dommages-intérêts, condition essentielle et de rigueur Sous laquelle le présent acte n'aurait pas été Consenti. Montpellier le 10 Avril 1861. Le Préfet. + Sébastien.

Acte
de vente
devant un notaire).

J 27

    Cette note est mise pour indiquer qu'un acte de concession en faveur du S.ʳ Barot Guillaume a été passé devant notaire, Sous la date du 1ᵉʳ Juillet 1861., Il se reconnait débiteur envers la Commune 1.º de 180 fr. pour le Capital,— 2.º d. 45 fr. pour l'indue Jouissance et 3.º de 30 fr. 50.ᶜ pour Sa part des frais d'expertise,. Il s'engage à payer par Cinquième le montant du Capital et de l'indue Jouissance en Servant les intérèts à 5 % Jusqu'à parfaite libération, et sa part des frais quand la Commune lui en fera la demande.

Rôle
dressé pour le recou-
-vrement du 5.ᵉ de
l'évaluation des terrains
Communaux Concédés
aux détenteurs en
vertu de la délibér.ⁿ
du C.ˡ M.ᵖᵃˡ en date du
2 février 1861 et de
l'arrêté du préfet en
date du 10 Avril d.
la même année).

Exercice 1861.

J 28

Nº d'ordre du Rapport des experts	Noms et Prénoms des Concessionnaires.	Domicile.	Sommes à payer.			Emargement des paiements par le Receveur municipal
			5.ᵉ à payer sur l'évalu.ⁿ des terrains	Frais de timbre du rôle.	Total	
			F. | C.	F. | C.	F. | C.	
1	Barot Guillaume	à S.ᵗ Anatole	36 | 00	1 | 50	37 | 50	

Fait et dressé par nous maire de la Commune de S.ᵗ Anatole à S.ᵗ Anatole le 20 Avril 1861. = Le Maire: [signature]

Vu et arrêté le présent rôle à la somme de Trente-Sept fran[cs]

Pièces administratives

Cinquante centimes dont le receveur municipal de la Commune de St. Anatole est chargé d'opérer le recouvrement avant l'expiration de l'exercice 1861, en se conformant aux dispositions de l'article 63 de la loi du 18 juillet 1837.

Montpellier le 28 Avril 1861. = Pour le préfet et par délé-gation : Le Secrétaire-général = Champrel.

Rôle dressé pour le recouvrement du 5ᵉ de l'indemnité pour moins jouissance des terrains Communaux Concédés aux Détenteurs en vertu de la Délibér.ᵒⁿ du Col.ᵉˡ M.ᵃˡ en date du 2 février 1861, et de l'arrêté de M. le préfet de l'Hérault en date du 10 Avril de la même année.

Nᵒˢ d'ordre du rapport des experts	Noms, et Prénoms des Conces-sionnai-res.	Domicile	Sommes à payer :			Emargement des poiements par le Receveur municipal.
			5ᵉ à payer pour Bien d'indue Jouissan-ce.	Frais de timbre du rôle.	Total	
1	Barot Guillaume	à St. Anatole	9 "	1 50	10 50	

Fait et dressé par nous maire de la Commune de St. Anatole. A St. Anatole le 3 Avril 1861. = Le Maire. [signature]

Vu et arrêté le présent rôle à la somme de Dix francs cin-quante Centimes dont le receveur municipal de la Commune de St. Anatole est chargé d'opérer le recouvrement avant l'expiration de l'exercice 1861, en se conformant aux dispositions de l'article 63 de la loi du 18 Juillet 1837. = Montpellier le 28 Avril 1861. = Pour le préfet et par délégation. = Le Secrétaire général. = Champrel.

Rôle dressé pour le recouvrement de la portion des frais de reconnais-sance et de Concession.

Nᵒ d'ordre du rapport des experts	Noms. et Prénoms des Concessionnaires.	Domicile	Sommes à payer :			Emargement des poiements par le Receveur municipal.
			Frais de reconnais-sance et de Concession	Frais de timbre du rôle	Total	
			F C	F C	F C	
1	Barot Guillaume	à St. anatole	30 50	1 50	31 50	

Pièces administratives.

Fait et dressé par nous maire de la commune de St Anatole. = à St anatole le 20 Avril 1861. = Le Maire. [signature]

Vu et arrêté le présent rôle à la somme de trente-un francs Cinquante Centimes dont le receveur municipal de la Commune de St Anatole est chargé d'opérer le recouvrement avant l'expiration de l'exercice 1861, en se confor- mant aux dispositions de l'article 63 de la loi du 18 Juillet 1837. Montpellier le 28 Avril 1861. = Pour le préfet et par délégation; le secrétaire général = Signé Champsel

---

des terrains Communaux à la Charge du St Cassagne Guillm, Seul détenteur qui ait fait la déclaration de devenir acquéreur du terrain qu'il a usurpé, et Concédé en vertu de la délibon du Cel Mpal du 2 février 1861 et de l'arrêté de Mr le préfet du 10 Avril de la même année.

Sommation en Délaissement.

J—31.

L'an 1861 et le 20 Avril, nous Ivolas adjoint de la Commune de St Anatole, département de l'Hérault, agissant en vertu d'une délégation de Mr le Maire, avons sommé le Sr Bonys fulcrand propriétaire domicilié dans ladite Commune, détenteur d'une parcelle de garrigue Communale au tènement de la Rouvière, faisant partie du No 58 de la Section C de la matrice Cadastrale, de la Contenance de Un hectare quarante ares, de délaisser dans le délai de huitaine, l'objet de Son usurpation; lui déclarant que faute par lui de ce faire, il Sera poursuivi devant les tribunaux Compétents pour S'y voir Condamner à délaisser le fonds, restituer les fruits indûment perçus et à des dommages-intérêts envers la Commune. Et parlant à Sa personne, nous lui avons remis copie de la présente Sommation. Fait à St Anatole les jour, mois et an que dessus Ivolas adjoint.

Nota: il faut adresser une Semblable Sommation à tous les détenteurs. = Elles doivent être à peine de nullité présentées à l'enregistrement dans les 4 jours de leur date, elles Seront enregistrées en débet et écrites Sur papier timbré.

Déclaration de Délaissement.

J—32

Je Soussigné Bonys fulcrand, propriétaire domicilié dans la Commune de St Anatole, me reconnaissant détenteur d'un terrain appartenant à ladite Commune, Situé au tènement de la Rouvière, déclare Consentir au délaissement qui m'a été ordonné par Monsieur le Maire. = St Anatole le 22 Avril 1861. = Bonys.

Délibération

J—33

L'an 1861 et le 9 Mai, le Conseil municipal &c (Session ordinaire) Présents: M. M. . . . . . Absents: M. M. . . . . .

Pièces administratives.

du Conseil munici-
-pal qui ordonne
de poursuivre en
délaissement
devant les
tribunaux
Compétents.

Les membres du Conseil municipal &c. (Voir le N° 19)
M. le maire a dit : M. M. par votre délibération du 25 Xbre
1860, vous avez décidé en principe, que la Commune revendique-
rait ses droits de propriété sur les terrains communaux
usurpés et qu'elle les concéderait aux détenteurs qui demanderaient d'en devenir propriétaires moyennant paiement du
Capital et restitution des fruits de cinq annuités. Par une
autre délibération du 2 février 1861, vous avez approuvé le
procès-verbal de reconnaissance, d'estimation et d'arpentage
de ces terrains, déterminé en même temps les conditions
sous lesquelles les détenteurs pourraient devenir propriétaires
définitifs. Toutes les formalités nécessaires à la solution de
cette affaire ayant été remplies, M. Barot Guillaume et
M. Bonys fulcrand ont été les seuls à faire leur déclaration.
Le premier a demandé de devenir concessionnaire en se sou-
-mettant aux obligations imposées dans la délibération
précitée ; le second a fait un abandon pur et simple
et nous nous sommes mis immédiatement en possession
de sa parcelle de terrain. = M. le préfet a enfin pris un
arrêté pour nous autoriser à effectuer la concession sollicitée
par M. Barot ; acte en a été passé devant notaire, il a
reçu l'approbation de l'autorité préfectorale. Il nous reste
maintenant à poursuivre devant les tribunaux compétents
les détenteurs qui ne se sont point présentés, savoir : les
Sr. Balestrier jacques, Ricôme Etienne, Fournel guillaume
et Cassaigne, propriétaires domiciliés dans la Commune de
St. Anatole. Le premier sera cité devant le Conseil de
préfecture attendu que son usurpation a eu lieu dans la période
comprise entre la loi du 10 Juin 1793 et celle du 9 ventôse
an 12, et les trois autres seront traduits, après en avoir
obtenu l'autorisation de ce Conseil, devant le tribunal de
première instance de Montpellier, puisque leurs usurpations
ont été opérées en dehors de cette période. Nous espérons,
Messieurs, que vous voudrez bien nous donner l'autorisa-
-tion d'exercer ces poursuites.

Le Conseil municipal, considérant qu'il n'est plus
possible de tolérer que les détenteurs jouissent exclusivement
d'une propriété Communale ; considérant que l'offre à eux faite
de la leur céder en se soumettant aux conditions imposées

par les délibérations des 25 Décembre 1860 et du 2
février 1861, était une mesure favorable à leurs intérêts.
Considérant que l'évaluation a été faite sur des bases
très-modérées et qu'il y aurait injustice de la considérer
comme dépassant la valeur réelle des terrains.

Délibère :

qu'il y a lieu de poursuivre par toutes les voies de droit
en éviction, restitution de fruits et dommages-intérêts ces
détenteurs devant les tribunaux compétents, de traduire
le Sr Balestrier devant le Conseil de préfecture et de deman
-der à ce Conseil l'autorisation de plaider contre les Srs
Ricôme, Fournel, et Cassaigne. Cette délibération
a été signée par tous les membres présents, après lecture
faite.

Vu et approuvé par le Préfet de l'Hérault le 12 Mai
1861. Sébastien.

Titres Constatant les droits de propriété de la Commune.

J – 34

La délibération qui précède (No 33) est adressée par
le préfet au Conseil de préfecture pour y être statué sur
les usurpations. Elle doit être accompagnée des titres
Constatant les droits de propriété de la Commune. Ces titres
pouvant résulter de contrats d'acquisition, d'échanges,
donations, partages &c, des anciens compoix et même de
la matrice cadastrale, nous ne pouvons les formuler
ici ; il suffira d'indiquer qu'il faut en faire rédiger des
expéditions qui seront certifiées par qui de droit. Les
autres pièces à adresser au Conseil de préfecture sont les
Nos 13, 16, 17 et 20.

Mémoire du maire adressé au Conseil de préfecture.

J – 35

Cette même délibération doit être aussi accompagnée
d'un mémoire du maire énonçant les prétentions et les
droits de la Commune et concluant à ce que les usur-
-pateurs soient condamnés par le Conseil de préfecture

au délaissement, à la restitution des fruits indûment perçus ; et, dans le cas où il ne pourrait statuer sur cette demande, d'autoriser la Commune à les poursuivre devant les tribunaux ordinaires.

Nous ne pouvons rédiger ici cette pièce administrative attendu qu'elle est basée sur des titres à nous inconnus.

Sommation aux Détenteurs à fournir leurs moyens de défense devant le Conseil de préfecture.

J — 36 —

L'an 1861 et le 15 mai, nous maire de la Commune de St Anatole, vu le procès-verbal en date du 20 avril 1861 dressé par notre adjoint, dûment notifié le même jour au Sr Balestrier Jacques propriétaire domicilié audit lieu, attendu qu'il n'a point obtempéré à la sommation qui lui a été faite de délaisser dans la huitaine le terrain communal par lui usurpé au lieu de la Rouvière, l'avons sommé à fournir ses moyens de défense par écrit, dans le délai de quinzaine, devant le Conseil de préfecture séant à Montpellier, si mieux il n'aime se voir condamner par toutes les voies et moyens de droit, à restituer à la Commune le terrain par lui usurpé ainsi que les fruits exigibles depuis l'époque de son usurpation, et à des dommages-intérêts pour le préjudice qu'il a occasionné à la Commune ; le prévenant que son mémoire ne sera admis qu'autant qu'il sera sur papier timbré.

À St Anatole les jour, mois et an que dessus. = Le Maire

Arrêté du Conseil de Préfecture ordonnant la restitution des terrains usurpés.

J — 37 —

Le Conseil de Préfecture. = Vu la délibération à la date du 9 Mai 1861, par laquelle le Conseil municipal de la Commune de St Anatole demande de prononcer l'éviction, la restitution de fruits indûment perçus et la condamnation à des dommages-intérêts contre le Sr Balestrier Jacques, détenteur de terrains communaux usurpés par lui ou ses auteurs en l'année 1800 ;

Vu le dossier de cette affaire transmis au Conseil par Mr le préfet de l'Hérault ;

Vu les titres de la Commune qui lui ont été représentés ;

Vu le mémoire explicatif de Mr le Maire ;

Vu les moyens de défense par écrit du Sr Balestrier ;

Pièces administratives.

Arrêté :

1.° Le Sr Balestrien restituera à la Commune de St Anatole dans le délai de huitaine à partir de la signification du présent arrêté, les terrains usurpés par lui au tènement de la Rouvière, faisant partie du N.° 58 de la section C de la matrice cadastrale, et d'une contenance de 50 ares ;

2.° il payera à ladite Commune la somme de Cinquante francs pour indue jouissance pendant les 5 dernières années;

et 3.° pareille somme de Cinquante francs, à titre de dommages — intérêts. = Fait et délibéré à Montpellier le 10 Juin 1861.

Castan, Martin, Reynaud.

Le Conseil de préfecture : = Vu la délibération à la date du 9 Mai 1861, par laquelle le Conseil municipal de la Commune de St Anatole demande l'autorisation d'intenter devant les tribunaux une action en délaissement contre plusieurs habitants de la dite Commune, détenteurs de terrains communaux défrichés et usurpés;

Vu les lettres du maire de St Anatole du 11 du même mois;

Vu les titres de la Commune qui ont été représentés;

Vu la loi du 18 Juillet 1837; = Arrête :

Les habitants de la Commune de St Anatole sont autorisés en la personne du maire de leur Commune, à intenter devant le tribunal de première instance de Montpellier une action en délaissement contre les Sieurs Ricôme Etienne, Fournel Guillaume et Cassaigne Guillaume, propriétaires, tous domiciliés dans la dite Commune, aux fins de la délibération du Conseil municipal ci-dessus visé. = Montpellier le 10 Juin 1861.

Castan, Martin, Reynaud.

Le préfet ayant adressé au maire l'arrêté du Conseil de préfecture, en date du 10 Juin 1861, qui autorise la Commune à plaider devant les tribunaux ordinaires pour poursuivre en éviction les Srs Ricôme, Fournel et Cassaigne, une citation par huissier leur est donnée

Pièces administratives.

pour comparaître devant le tribunal de première instance séant à Montpellier, pour s'y voir condamner au délaisse- ment des terrains par eux usurpés, en restitution de fruits indûment perçus et en dommages-intérêts. Cette citation étant ordinairement rédigée par l'huissier ou par l'avoué dont la Commune a fait choix, nous ne la mentionnerons ici que pour mémoire.

Nous mentionnerons aussi pour mémoire le Jugement du tribunal de 1re instance, sous la date du 28 Juillet 1861, par lequel tous les détenteurs ont été condamnés au délaissement, à la restitution des fruits indûment perçus et à des dommages-intérêts.

Jugement de ce tribunal. — Condamnation des détenteurs. (J. 40.)

Composition des lots, Arpentage et plan des lieux (J. 41.)

Vente de ces terrains par adjudication.

Ensemble de la Fourvière. — Section C. — Numéro 38.

1er Lot. 2e Lot. 3e Lot. 4e Lot. 5e Lot. 6e Lot. 7e Lot. 8e Lot. 9e Lot.

1 Hect. 60 Ares.

Nord — Midi — Couchant — Levant.

Fait et rédigé à St Anatole le 1er Août 1861 par l'expert soussigné
L. Bonnet

N°s des Lots	Contenance		
	Hect.	Ares	Cent.
1	"	50	"
2	1	"	"
3	1	"	"
4	"	50	"
5	"	40	"
6	"	70	"
7	1	90	"
8	"	30	"
	5	00	

Pièces administratives

Division des Lots.	Contenance			Estimation		Lieux-dits.	Sections.	Numéros.
	Hect.	Ares	Cent.	f	c			
1er Lot	"	50	"	250	oo	ténement de la Rouvière	C	partie du 58.
2e Lot	1	"	"	312	40	id	id	id
3e Lot	1	"	"	312	40	id	id	id
4e Lot	"	50	"	156	20	id	id	id
5e Lot	"	70	"	212	50	id	id	id
6e Lot	"	70	"	212	50	id	id	id
7e Lot	1	20	"	225	"	id	id	id
8e Lot	"	30	"	156	"	id	id	id
Total	5	90	"	1837	" "			

Fait et rédigé, à St Anatole le 1er Août 1861, le présent procès-
-Verbal des terrains à vendre par la Commune de St Anatole, s'élevant
en superficie à la quantité de cinq hectares, quatre-vingt-dix
ares et à la somme de Dix-huit cent trente-sept francs pour leur
valeur réelle. Le Soussigné déclare en outre avoir employé pour
sa rédaction, l'estimation et l'arpentage et le plan parcellaire,
dix vacations pour le montant desquelles il lui sera dû la somme
de quarante francs.

L. Bonnet
expert C.

Art. 1er. — L'adjudication aura lieu par devant Monsieur le
Maire de ladite Commune, assisté de deux Conseillers municipaux
dans la salle de la mairie, aux jour et heure indiqués dans le s

...nelles aura
lieu l'adjudic.on
des terrains.

affiches qui auront été apposées, et sur la mise à prix de dix-huit
cent trente-sept francs, montant de l'estimation qui en a été faite par
le Sr Borne expert à ces fins nommé, par arrêté de Mr le préfet
en date du 22 Xbre 1861. Le receveur municipal sera présent à
cette opération.

Art. 2e. = L'adjudication sera faite au plus offrant et dernier
enchérisseur, après l'extinction de deux bougies, sans nouvelle
enchère. Ces bougies seront préparées de manière à brûler envi-
-ron une minute.

Art. 3e. = Les personnes notoirement insolvables ne pourront
être admises à enchérir. L'insolvabilité sera jugée séance
tenante, par le maire et les deux Conseillers municipaux qui
l'assisteront et le Receveur municipal.

Art. 4e. = L'adjudicataire versera le prix de son adjudica-
-tion entre les mains du receveur municipal en deux annui-
-tés à partir du jour même de l'adjudication, avec intérêts
à cinq pour cent jusqu'au jour du paiement intégral, ter-
-me échu.

Art. 5e. = Il payera, en sus du prix de son adjudication,
les frais de mutation et tous autres qui auront été faits
pour parvenir à la vente, ceux d'expédition du Procès-
verbal de ladite adjudication et du présent Cahier des
charges qui y sera joint, en outre le frais des deux
expertises qui ont eu lieu pour la reconnaissance, l'estima-
-tion, l'arpentage de ces immeubles qui avaient été
usurpés et ceux pour la subdivision en lots. Il ne lui
sera remis d'autre titre de propriété que l'expédition
de son adjudication, mais il aura le droit de s'en faire
délivrer, à ses frais, des expéditions par les dépositaires,
auquel effet tous pouvoirs et autorisations nécessaires
lui sont donnés.

Art. 6. = Il sera libre à l'adjudicataire de faire trans-
-crire ledit procès-verbal au bureau des hypothèques,
et de remplir, si bon lui semble, les formalités pour la
purge des hypothèques légales ; mais il ne pourra, sous
prétexte d'inscriptions qui pourraient grever l'immeuble
vendu, retarder le paiement du prix et des intérêts.

Art. 7e. = L'adjudicataire prendra possession des immeubles

du jour même de son acquisition ; la vente étant faite par forme de corps et non de contenance, l'inexactitude dans celle ci-dessus indiquée ne pourra donner lieu à aucune augmentation de prix à son profit ou à celui de la Commune.

Art. 8. – Les immeubles vendus seront pris par l'ad-judicataire tels qu'ils se trouvent au jour de l'adjudi-cation, avec leurs servitudes passives et actives, qu'elles qu'elles soient, l'adjudicataire devant profiter des pre-mières, et se défendre des secondes à ses frais, risques et périls.

Art. 9. – A défaut par l'adjudicataire d'opérer le paiement du prix de son adjudication et des intérêts – dans le délai ci-dessus indiqué, un mois après un com-mandement infructueux, il pourra être procédé par voie administrative et sans recours aux tribunaux, à la revente des immeubles par voie de folle enchère, sur l'autorisation qui en serait donnée à la Commune par M. le préfet de l'Hérault. En cas de folle enchère, l'ad-judicataire sera passible de la différence en moins du prix de l'adjudication ; la différence en plus, s'il y en avait, tournerait au profit de la Commune. Dans le même cas, il ne sera restitué à l'adjudicataire aucune partie des frais de mutation ou autres, ni aucun à-compte, qu'il pourrait avoir payés sur le prix, lesdits à-compte demeurant acquis à la Commune à titre de dommages-intérêts.

Art. 10.° – L'adjudicataire ne pourra revendre les immeubles dont il sera devenu adjudicataire sans avoir payé le prix et les intérêts, et rempli toutes les clauses du présent cahier des charges. Toute vente ainsi faite sera nulle de plein droit, sans qu'il soit nécessaire d'en faire prononcer la nullité, et la folle enchère pourra être poursuivie contre l'adjudicataire, nonobstant toute espèce de mutation qu'il aurait con-sentie.

Art. 11.° Si plusieurs personnes deviennent adjudica-taires, elles seront solidaires, tant pour le payement

Pièces administratives.

du prix que pour l'exécution des autres clauses du présent cahier des charges.

Art. 12.e = L'adjudicataire sera responsable de toute élection de commaud qu'il pourrait faire, et nonobstant laquelle il pourra être poursuivi comme débiteur pur et simple ; il sera tenu d'élire domicile dans le Canton de St Albanie, à défaut, le domicile sera de droit chez le Secrétaire de ladite Commune, auquel tous actes, même ceux de commandement et de folle enchère, seront valablement signifiés.

Désignation des immeubles.

(si l'immeuble à aliéner doit être divisé en plusieurs lots, on désignera chaque lot, en faisant connaître son étendue, ses con-fronts, le numéro et la lettre de la Section du plan cadastral ; enfin l'on indiquera la mise à prix sur laquelle chaque lot sera mis en adjudication.)

1er Lot. = une portion de garrigue contenant 50 ares faisant partie d'un plus grand corps appelé la Rouvière, portant le N.o 58 de la Section C de la matrice cadastrale de la dite Commune, confrontant du Couchant le 9e lot de cette garrigue soumissionné par Barot Guillaume, du levant antoine Théroud, du nord fulcrand Cabane, du midi le 2.e lot. La mise à prix de ce 1er lot est de. 250.f 00

2.e Lot. = une autre portion de lad.e garrigue contenant un hectare (mêmes indications que le 1er lot), confrontant du levant ledit antoine Théroud, du couchant la portion restante à la Commune de cette garrigue, du nord le 1er lot et du midi le 3.e Lot. La mise à prix du second lot est de 312.40

3.e Lot. = une autre portion de lad. garrigue contenant une hectare, faisant partie du même Corps et du même numéro, confrontant du levant Antoine Théroud, du couchant la partie restante à la Commune, du nord le 2.e lot et

A Reporter. 562.40

Pièces administratives.

Report d.p. — 562.40

du midi le 4e lot. La mise à prix de ce 3e lot est de — 312.40

4e Lot. — Une autre portion de lad. garrigue contenant cinquante centiares, faisant partie du même corps et du même numéro, confrontant du levant Pierre Bros, du couchant la portion restante à la Commune, du nord le 3e lot et du midi le 5e et partie du 6e lot. La mise à prix de ce 4e lot est de — 156.20

5e Lot. — Une autre portion de lad.te garrigue contenant soixante-dix ares, faisant partie du même corps et du même numéro, confrontant du levant Pierre Bros, du couchant le 6e lot, du nord le 4e lot et du midi le Sr Antme Bonys, la mise à prix de ce 5e lot est de — 212.50

6e Lot. — Une autre portion de la dite garrigue contenant soixante-dix ares, faisant partie du même corps et du même numéro, confrontant du levant le 5e lot, du couchant le 7e lot, du nord le grand corps réservé par la Commune et partie du 4e lot et du midi Pierre Bras. La mise à prix de ce lot est de — 212.50

7e Lot. — Une autre portion de ladite garrigue, contenant un hectare vingt ares, faisant partie du même corps et du même numéro, confrontant du levant le 6e lot, du couchant le 8e lot, du nord le grand corps réservé par la Commune et du midi Pierre Bras. La mise à prix de ce 7e lot est de — 225.00

8e Lot. — Une autre portion de ladite garrigue contenant 30 ares faisant partie du même corps et du même numéro, confrontant du levant le 7e lot, du couchant Frédéric Rey, du nord le grand corps réservé par la Commune et du midi Pierre Bras. La mise à prix de ce 8e lot est de — 156.00

Total de la mise à prix — 1837.f 00c

Rédigé par nous, maire de la Commune de St Anatole, le 25 Octobre 1861.

Le Maire:

[signature]

Pièces administratives.

Vu et approuvé par nous Préfet du Département de l'Hérault.
Montpellier le 15 novembre 1861. Sébastien.

Délibération du Conseil municipal ayant pour objet de demander au préfet de procéder à l'alié-nation des terrains, d'accepter leur estima-tion, la division en parcelles et le Cahier des Charges.

L'an 1861 et le 1er novembre, le Conseil municipal de la Commune de St Anatole assemblé en session ordinaire ect. — Présents : M. M: etc.
Absents : M. M: etc.
Les membres du Conseil municipal &c. (Voir le N° 19)
M. le Maire a dit : M. M, par votre délibération en date du 25 Décembre dernier vous aviez décidé que les détenteurs des biens communaux seraient poursuivis en délaissement devant les tribunaux compétents. Cette délibération ayant été approuvée par M. le Préfet, des poursuites ont eu lieu et tous ont été con-damnés. D'autre part, il est à votre connaissance que le Sr Bonys détenteur d'une parcelle avait consenti au délaissement pur et simple. Nous avons l'honneur de mettre sous vos yeux : 1° l'arrêté du Conseil de préfecture intervenu à l'égard du Sr Balcotrier ; 2° le jugement du tribunal de 1ère instance de Montpellier prononcé contre les Srs Ricome, Fournel et Cassaigne, 3° la déclaration de délaissement de la part du Sr Bonys. Après avoir mûrement réfléchi sur la convenance d'aliéner ces terrains par parcelles, comme on nous le demande de toute part, ou bien de les réunir à notre garrigue communale, nous avons pensé que leur réincorporation à cette garrigue n'augmenterait que très-faiblement son prix de fermage, tandis que le produit de leur aliénation donnerait à la Commune un revenu au moins quintuple. Si vous partagez, Messieurs, notre opinion, nous demanderons à M. le Préfet l'autorisation de procéder à cette aliénation par voie d'adjudication et à la chaleur des enchères, d'accepter l'estimation et la division en parcelles de ces terrains, opérées par l'expert M. Bonne et d'approuver le Cahier des Charges. Veuillez, messieurs, prendre connaissance de ces diverses pièces que nous déposons sur le bureau.

Un membre ayant demandé la parole, déclare qu'il ne partage point l'opinion de M. le Maire sur l'augmentation présumée des revenus de la Commune, par suite de la vente par parcelles ; il croit au contraire, que la garrigue commu-nale acquérant plus d'étendue, sera affermée proportionnelle-ment à un prix beaucoup plus élevé. Une discussion s'engage

Pièces administratives.

à ce Sujet, et plusieurs membres partagent l'opinion du préo-
pinant. — Avant de mettre les propositions de Mr le Maire
aux voix, trois membres M. M. Roux, Bernard et Cabassut
demandent le Scrutin secret, Conformément au paragraphe 5
de l'art. 18 de la loi du 3 Mai 1855. — Mr le Maire faisant
droit à cette demande a déposé sur le bureau une boite destinée
au Scrutin, a fait voir qu'elle était complétement vide, et
a invité les Conseillers présents à exprimer leur vote en écrivant
sur des bulletins blancs destinés à cet effet le mot pour en cas
d'adoption de la proposition et le mot Contre en cas de rejet.

Les bulletins de vote ayant été remis fermés à Mr le
Maire et déposés au fur et à mesure dans la boite du Scrutin,
elle a été ouverte; le nombre des bulletins s'est trouvé de 11,
égal à celui des votants, et le dépouillement fait par Mr le
maire a donné pour l'adoption de la proposition huit suffrages et pour le rejet trois. Les bulletins ont été immédiatement
brûlés en présence de l'assemblée ; Mr le Maire a déclaré que
ses propositions étaient acceptées. — Et les délibérans ont signé
après lecture faite.

C. Soullié   Michel   Ivolas   adjoint.
Roux   De Mestre   Bernard   L. Cabassut   Nadal   Saltez   Collet
Frd Combres Mre.

Vu et approuvé par nous Préfet de l'Hérault.
Montpellier le 4 novembre 1861. — Sébastien.

Affiche de l'enquête de Commodo a incommodo	N° 45	— Sur l'examen des pièces précédentes, le préfet ordonne une enquête de Commodo et incommodo et le Maire fait afficher l'avis Suivant; (Voir le numéro 23) le dépôt aura lieu à la mairie du 8 novembre au 23 inclus et l'ouverture de l'enquête le 24.
Procès-verbal d'enquête de Commodo q incommodo	N° 46	Voir la formule N° 24. — Cette enquête a été faite le 24 novembre, elle n'a donné lieu à aucune réclamation, on ne réunira pas le Conseil municipal.

— Le dossier de l'enquête ayant été adressé au Préfet

Pièces administratives.

Ce magistrat envoie au maire l'arrêté suivant :

Nous Préfet de l'Hérault,

Vu la délibération du Conseil municipal de la Commune de St Anatole à la date du premier de ce mois ayant pour objet la vente de terrains Communaux faisant partie d'une garrigue appelée la Rouvière ;

Vu le plan des lieux et le procès-verbal d'expertise ;

Vu le cahier des Charges qui doit régir cette vente ;

Vu l'enquête de Commodo à laquelle ce projet a été soumis conformément à notre arrêté du 4 novembre 1861 ;

Vu la loi du 18 Juillet 1837. Le Conseil de Préfecture entendu ; Arrêtons :

Art. 1er La Commune de St Anatole est autorisée à aliéner aux enchères publiques en huit lots, et sur la mise à prix totale de 1837 Francs et Conformément au Cahier des Charges sus-énoncé les terrains Communaux Ci-dessus relatés.

Art. 2e. Cette vente ne sera définitive qu'après approbation par nous, du procès-verbal d'adjudication.

Montpellier le 30 novembre 1861. Le Préfet

Sébastien.

Le public est prévenu que le dimanche 6 Janvier 1862, à une heure de l'après-midi, dans une Salle de la mairie de St Anatole, il sera procédé par le maire, assisté de deux Conseillers municipaux et du receveur municipal, à l'adjudication aux enchères publiques de terrains appartenant à ladite Commune, situés au tènement de la Rouvière, faisant partie du No 58 de la Section C de la matrice Cadastrale et qui Sont divisés en huit lots, Savoir :

Nos des Lots.	Contenance			Mise à prix.	Nos des Lots.	Contenance			Mise à prix.
	hect.	Ares	Cent.			hect.	Ares	Cent.	
1	"	50	"	250.F00c	5	.	70	.	212.50
2	1	"	"	312.40	6	.	70	.	212.50
3	1	"	"	312.40	7	1	20	"	225.00
4	"	50	"	156.20	8	"	30	"	156.00

Pièces administratives.

Ces ventes auront lieu conformément au cahier des charges approuvé par Mr le Préfet de l'Hérault par arrêté du 30 novembre 1861. Il ne sera reçu d'enchères au‑dessous de vingt francs.

Les prétendants pourront en prendre connaissance au Secrétariat de la mairie tous les jours de 8 heures du matin à 5 heures du soir. — St Anatole le 2 Décembre 1861. Le Maire. T. Tombres

---

Procès‑verbal d'adjudication des terrains.

L'an 1862 le 6ᵉ jour du mois de Janvier, nous maire de la Commune de St Anatole, assisté de M.M. Michel et Soulier membres du Conseil municipal pris dans l'ordre du tableau, nous sommes rendu dans la salle des séances publiques de la mairie, où étant, et en présence de Mr Bonniol receveur municipal de la Commune, nous avons déclaré que, d'après les publications faites et les afiches apposées à l'avance à la porte de l'église paroissiale de la Commune et de celles des églises les plus voisines, ainsi qu'il appert des certificats délivrés par les maires, il allait être procédé à l'adjudication de terrains communaux situés au tènement de la Rouvière, faisant partie du N° 58 de la section C de la matrice Cadastrale. Cette adjudication aura lieu en huit lots séparés, sur une première mise à prix du 1er lot, de 250 francs, du second lot de 312 fr 40c, le 3e lot de 312 fr 40c, le 4e lot de 156 fr 20c, le 5e lot de 212 fr 50, le 6e lot de 212 fr 50, le 7e lot de 225 francs et le 8e lot de 156 frs, et aux clauses et conditions énoncées au cahier des charges générales et particulières, approuvé par Mr le Préfet le 15 Novembre 1861 dont il a été donné lecture, et spécialement de prendre inscription sur les immeubles de l'adjudicataire, au profit de la Commune, pour sûreté de l'exécution des clauses dudit cahier des charges.

Ouverture d'enchères sur le 1er lot dont la mise à prix est de Deux. Cent. cinquante francs :

nous avons allumé un premier feu, pendant la durée duquel le Sr Duverdier Thomas a fait une offre de Deux. cent. soixante‑dix francs. — Il a été allumé un second feu pendant lequel le Sr Girard françois a fait une offre de Deux. cent. quatre. vingt

Pièces administratives

dix francs. = Deux autres feux ayant été successivement allumés et s'étant éteints sans enchères, nous avons adjugé au Sr Pirard françois demeurant à St Anatole, ce premier lot au prix de 290 francs, à la charge par lui d'exécuter les clauses et conditions de l'adjudication.

Ouverture d'enchères sur le 2e lot dont la mise à prix est de 312 fr. 40c. = nous avons allumé un premier feu pendant la durée duquel le Sr Bonys françois a fait une offre de 350 francs. = Deux autres feux ayant été successivement allumés et s'étant éteints sans enchères, nous avons adjugé au Sr Bonys françois propriétaire domicilié à St Anatole ce second lot au prix de 350 francs et à la charge par lui d'exécuter les clauses et conditions de l'adjudication.

Ouverture d'enchères sur le 3e lot dont la mise à prix est de 312 fr. 40c. = nous avons allumé un premier feu pendant la durée duquel le Sr Ferdinand Day a fait une offre de 333 francs. = Il a été allumé un second feu pendant lequel le Sr Guillaume Bros a fait une offre de 353 francs et le Sr Ferdinand Day a fait une offre de 373 francs. = Il a été allumé un troisième feu pendant lequel le Sr Théron françois a fait une offre de 373 francs.

Deux autres feux ayant été allumés successivement et s'étant éteints sans enchères, nous avons adjugé au Sr Théron françois propriétaire domicilié à St Mathieu de Tréviers, ce troisième lot au prix de 373 francs et à la charge pour lui d'exécuter les clauses et conditions de l'adjudication.

Ouverture d'enchères sur le 4e lot dont la mise à prix est de 156 fr. 20c.

Nous avons allumé un premier feu pendant la durée duquel le Sr Guillaume Bros a fait une offre de 200 francs.

Deux feux ayant été allumés successivement et s'étant éteints sans enchères, nous avons adjugé au Sr Guillaume Bros, cultivateur domicilié à St Anatole, époux de Marie Cassaigne, ce quatrième lot au prix de 200 francs, à la charge par lui d'exécuter les clauses et conditions de l'adjudication.

Ouverture d'enchères sur le Cinquième lot, dont la mise à prix est de Deux-Cent-douze francs, Cinquante Centimes.

Nous avons allumé un premier feu pendant la durée duquel il n'a été fait aucune offre.

Nous avons allumé un second feu pendant la durée duquel il n'a été fait aussi aucune offre, nous avons allumé troisième feu pendant la durée duquel le Sr Thérond françois a fait l'offre de se charger de ce cinquième lot à Deux cent douze francs cinquante centimes, montant de la mise à prix. — Deux autres feux ayant été allumés successivement et s'étant éteints sans enchères, nous avons adjugé au Sr Thérond françois demeurant à St Anatole ce cinquième lot au prix de Deux cent douze francs, cinquante centimes à la charge par lui de se conformer aux clauses et conditions de l'adjudication.

Ouverture des enchères du 6e Lot dont la mise à prix est de 212 f 50 c.

Nous avons allumé un premier feu pendant la durée duquel le Sr Sabatier Etienne a fait une offre de 233 Fr

Deux autres feux ayant été allumés successivement et s'étant éteints sans enchères, nous avons adjugé au Sr Sabatier Etienne, ce sixième lot au prix de Deux cent trente trois francs à la charge par lui de se conformer aux clauses et conditions de l'adjudication.

Ouverture des enchères du 7e Lot dont la mise à prix est de 225 francs.

Un premier feu a été allumé pendant la durée duquel il n'a été fait aucune offre. — Un second feu ayant été allumé le Sr Frédéric Rey a fait une offre de Deux cent quarante cinq francs, et le Sr hypolite Barès de 265 fr. — Deux autres feux ayant été allumés successivement et s'étant éteints sans enchères, nous avons adjugé ce septième lot au Sr Barès hypolite, demeurant à St Anatole, au prix de 265 francs à la charge par lui de se conformer aux clauses et conditions de l'adjudication.

Ouverture des enchères pour le 8e lot, dont la mise à prix est de 156 francs.

Un premier feu a été allumé pendant la durée duquel le Sr Jean Cabane a fait l'offre de s'en charger à la mise à prix, c'est-à-dire à 156 francs.

Deux autres feux ayant été allumés successivement et s'étant éteints sans enchères, nous avons adjugé au Sr Jean Cabane, cultivateur, domicilié à

Pièces administratives.

Saint Anatole ce 8.e lot au prix de 156 francs, à la charge par lui de se conformer aux clauses et conditions de l'adjudication.

Les adjudicataires ont signé avec nous après lecture faite. = Fait et dressé à S.t Anatole le 6 Janvier 1862.

Le Maire

Frd. Lombres

Le Receveur Municipal.
Bonniol.

Les Conseillers Municipaux
C. Soulié, Michel

Les Adjudicataires
Girard, Bouys, Thérond
Brs frère, Thiron, Sabatié
Barès, Cabané.

Vu et Approuvé par nous préfet du département de l'Hérault. = Montpellier le 10 Janvier 1862. = Pour le préfet et par délégation = Le Secrétaire général = Champoré

Enregistré à S.t Anatole le 18 Janvier 1862, folio 6, case 5, Reçu ——— Le Receveur + Cantien.

Reçu approuvé le 15 Janvier 1862.
Le Maire. Frd. Lombres

Établissement d'une taxe pour jouissance commune de pâturages dans les biens non soumis au régime forestier.

Le Maire de la Commune de S.t Anatole invite les habitants résidant dans cette commune et les propriétaires de troupeaux, à se présenter à la mairie dans le délai de quinzaine à partir de ce jour à l'effet de déclarer le nombre de têtes de bétail qu'ils désirent envoyer au pâturage, appelé Puchtort, en payant une taxe à titre de location pour jouissance commune ; ils sont prévenus que faute par eux de faire leur déclaration dans le délai ci-dessus indiqué ils seront déchus de tout droit. Fait à S.t Anatole le 1er février 1861.
Le Maire. Frd. Lombres

Pièces administratives.

<table>
<tr><td rowspan="2">N^{os} d'ordre des déclara-ration^s</td><td rowspan="2">Noms et Prénoms des déclarants.</td><td colspan="4">Nombre de bêtes déclarées</td><td rowspan="2">Signatures.</td></tr>
</table>

N° d'ordre des déclara-rat^s	Noms et Prénoms des déclarants.	Mules Chevaux	Boeufs ou Vaches	Anes	Moutons Brebis Chèvres	Signatures.
1	Bonafoux Pierre	2	"	"	4	Bonafoux.
2	Cassaigne Antoine	1	2	"	6	Cassaigne C.
3	Thérond Jean	2	"	"	50	Thérond
4	Bonys Ferdinand	2	"	"	10	Bonys.
5	Cabane Jean	"	2	"	4	Cabane.
6	Jeanjean Jacques	"	"	1	"	Jeanjean
7	Perrier Louis	"	"	"	2	+
8	Salager Joseph	"	"	"	2	+
		7	4	1	78	

Perrier Louis et Salager Joseph étant illettrés ont apposé une croix en présence des Soussignés. Frd Lombise Bourrié

Clos et arrêté le présent registre à St Anatole le 16 février 1861 à 6 heures du soir.

Le Maire. Frd Lombise

L'an 1861 et le 3 Mai, le Conseil municipal de la Commune de St Anatole assemblé en session ordinaire etc.
(Voir le N° 19.)

M^r le Maire a dit : M. M., nous mettons sous les yeux du Conseil le registre des déclarations du nombre de têtes de bétail que chaque habitant résidant dans la commune ou propriétaire de troupeaux, désire envoyer au paturage, appelé puechtort, du 1er 7bre 1861 au 31 Août 1862 ; le nombre de ces animaux n'est point proportionné à l'étendue de la dépaissance ; puisque, d'après l'expérience faite jusqu'à ce jour, elle ne peut nourrir que 60 têtes de tout bétail : ce nombre doit donc subir une réduction

Pièces administratives.

et il nous paraît de toute justice qu'elle porte uniquement
sur la déclaration la plus élevée. En Conséquence, nous
avons l'honneur de vous proposer : 1º de les accepter
toutes à l'exception de celle du S. Thérond qui sera
réduite de 50 bêtes à laine à 20, sans porter atteinte
aux droits des autres habitants ou propriétaires de la
Commune ; 2º de fixer le mode de jouissance qui
aura lieu du 1er 7bre prochain au 31 Août de l'année
1862 ; 3º d'établir une taxe par tête de bétail, consistant
en 4 francs pour un cheval ou une mule, 3 francs pour
un bœuf ou vache, 3 francs pour un âne, 2 francs pour
une bête à laine, et 3º d'arrêter la liste des usagers,
Conformément au tableau que nous mettons sous les
yeux du Conseil.

    Ces propositions soulèvent de légères observations de
la part de quelques membres ; après avoir été longue-
-ment débattues, le maire les met aux voix par assis
et levé. neuf membres se prononcent pour, douze au-
-tres contre ; elles sont adoptées. Les délibérants ont
signé après lecture faite.

Raup — Soullié   Michel   Ivolas   adjoint.
Bernard   L. Cabassut   Vidal   Salze
H. Mestre   Collet   Fred Cambrези

Nos d'ordre	Noms et Prénoms des usagers	Nombre de têtes qu'ils peuvent envoyer à la Dépaissance la.				Observations
		Mules ou Chevaux	Bœufs ou Vaches	Anes	Moutons et Brebis	
1	Bonafoux Pierre	2	"	"	4	
2	Cassaigne Antoine	1	2	"	6	
3	Thérond Jean	2	"	"	20	
4	Bomps Fulcrand	2	"	"	10	
5	Cabane Jean	"	2	"	4	
6	Jeanjean Jacques	"	"	1	"	
7	Perrier Louis	"	"		2	
8	Salager Joseph	"	"	"	2	
		7	4	1	48	

Pièces administratives.

Clos et arrêté par nous membres du Conseil municipal soussignés :

Raux — Soullié — Michel — Svolas adjoint
Bernardi & Cabassut — Fabre
H. Mestre   Fré Combres m. Maire

Affiche pour l'enquête sur la délibération du Conseil municipal

K – 53

Le maire de la Commune de St Anatole prévient ses administrés qu'ils peuvent se présenter au Secrétariat de la mairie à partir du 12 jusqu'au 19 Mai inclus, à l'effet de prendre connaissance de la délibération du Conseil municipal, à la date du 3 Mai 1861, qui fixe la taxe des redevances dues par les propriétaires ou habitants qui ont déclaré être dans l'intention de conduire leurs bestiaux dans la garrigue Communale, appelée Puechtort. Un registre sera ouvert pour recevoir leurs réclamations.

St Anatole le 11 Mai 1861. = Le Maire. Fré Combres

Procès-Verbal d'Enquête.

K – 54

Registre d'enquête ouvert à la mairie par les soins de Mr Frédéric Combres, maire de la Commune de St Anatole, le 12 Mai 1861, à l'effet de recevoir les observations et les réclamations des habitants et des propriétaires de troupeaux de cette commune sur le rôle de la taxe des redevances, arrêté par le Conseil municipal, par sa délibération du 3 de ce mois et due par les propriétaires ou habitants qui ont déclaré être dans l'intention de conduire leurs troupeaux dans la garrigue Communale appelée Puechtort.

St Anatole le 12 Mai 1861. = Le Maire Fré Combres

Le présent registre étant resté ouvert à la Mairie à partir du 12 Mai et personne ne s'étant présenté pour faire aucune observation ni réclamation, nous Maire l'avons clôturé aujourd'hui 20 Mai 1861.

Le Maire.
Fré Combres

Pièces administratives.

Nota : Il ne faut point oublier que s'il s'était produit une seule réclamation, le maire serait tenu, après la clôture, de convoquer le Conseil municipal pour le faire délibérer sur cette réclamation et de joindre cette nouvelle délibération au dossier, ainsi que ce procès-verbal. Si, au contraire, il n'existait aucune réclamation, on se bornerait à joindre à ce dossier le certificat n° 55.

K — 55

Le maire adressé au préfet le certificat suivant avec le dossier de l'affaire, puisque aucune réclamation n'a été produite dans l'enquête :

Nous maire certifions que le rôle des taxes à percevoir sur les habitants et propriétaires de bestiaux de la Commune, à raison de la jouissance des herbages de la garrigue communale appelée Puechtort, a été publié conformément à la loi ; qu'une enquête est restée ouverte à la mairie pendant 8 jours consécutifs pour recevoir les observations et les réclamations des habitants et qu'elle a été clôturée par nous sans que personne ne se soit présenté. — St Anatole le 21 Mai 1861. — Le Maire. [signature]

K — 56

Le préfet ayant approuvé la délibération du Conseil, le maire a dressé le rôle ci-après :

N° d'ordre du rôle	Noms et Prénoms des habitants.	Nombre des bêtes conduites à la dépaiss.				Taxe à imposer sur chaque bête.				Sommes à payer						Emargement des paiements par le Recev. M.al
		Mules chev.ux	Boeufs	Anes	Moutons chèvres	Mules chevaux	Boeufs	Anes	Moutons chèvres	montant de la taxe f	c	Frais de timbre f	c	Total f	c	
1	Bonnafoux Pierre.	2	"	"	4	4	"	"	2	12	"	"	15	12	15	
2	Cassaigne Antoine	1	2	"	6	4	3	"	2	22	"	"	25	22	25	
3	Thérond Jean	2	"	"	20	4	"	"	2	48	"	"	50	48	50	
4	Bonys François	2	"	"	10	4	"	"	2	28	"	"	30	28	30	
5	Cabane Jean	"	2	"	"	"	"	3	"	6	"	"	06	6	06	
6	Jean Jacques	"	1	"	"	"	"	3	"	3	"	"	04	3	04	
7	Périer Louis	"	"	"	2	"	"	"	2	4	"	"	05	4	05	
8	Salager Joseph	"	"	"	2	"	"	"	2	4	"	"	05	4	05	
	Total									127	"	1	50	128	50	

Pièces administratives.

Fait et dressé par nous maire de la Commune de St Anatole
à St Anatole le 10 Mai 1861.
Le Maire. Trislombres

Vu et Arrêté le présent rôle à la somme de Cent vingt huit
francs Cinquante centimes dont le receveur municipal de la
Commune de St Anatole est chargé d'opérer le recouvrement dans
les mêmes formes qu'en matière de Contributions publiques,
suivant les dispositions de l'art. 44 de la loi du 18 Juillet 1837.
A Montpellier le 15 Mai 1861. — Pour le Préfet et par délégation
Le Secrétaire général. — Champrels.

Cahier des Charges
pour l'adjudication de
la ferme des herbages
d'une dépaissance non
soumise au Régime
forestier, au ténement
de Mascla.

L
57

Bail à ferme d'un bien rural dont la durée n'excède pas 18 ans.

Conditions générales. — Article 1er. Le bail à ferme sera
fait pour trois années qui commenceront le 1er Septembre
1861 et finiront le 31 Août 1864. — Art. 2. L'adjudication sera
faite sur une seule épreuve, à l'extinction des feux, au plus
offrant et dernier enchérisseur, et sur une première mise à prix
qui sera déterminée ci-après à l'art. 1er des Conditions parti-
-culières. — Art. 3. Si le prix annuel de la ferme s'élève au-
-dessus de Cent francs, il sera immédiatement après l'adju-
-dication, fourni par le fermier un cautionnement égal
au quart dudit prix annuel de la Ferme. Ce Cautionne-
-ment, qui est destiné à garantir les faits de l'adjudicatair
pendant toute la durée de ses opérations, sera fourni en argent
et versé à la Caisse des dépôts et Consignations, soit avant
soit dans les 5 jours de l'approbation de l'adjudication,
conformément à la Décision Mielle du 20 Juin 1856. — Il
sera payé à l'adjudicataire l'intérêt à 3 pour Cent du
montant de son Cautionnement en argent, à compter du 60e
jour de son versement. — Art. 4. Le remboursement en Capita
et intérêts du Cautionnement fourni en argent aura lieu
à l'expiration du bail, en vertu d'une autorisation qui
sera donnée par Mr. le Préfet, sur la production : 1er d'une
déclaration du maire, portant que l'adjudicataire a rempli

Pièces administratives.

ses engagements, et 2^{ent} d'un décompte d'intérêts dressé par le Receveur municipal, vérifié par le receveur des finances. = Art. 5. Le prix annuel de la ferme sera versé, par trimestres et d'avance entre les mains du receveur municipal. En cas de non paiement aux époques qui viennent d'être déterminées, le fermier serait constitué en demeure sans qu'il fut besoin d'acte et par la seule échéance des termes; le receveur aurait dans ce cas, à faire dresser, par le maire, un état des sommes dues par l'adjudicataire. Cet état serait rendu exécutoire par le Sous-préfet, conformément aux dispositions de l'art. 63 d. la loi du 18 juillet 1837 et le receveur agirait par voie de Commandement; huitaine après ce Commandement resté infructueux, la Commune, avec l'autorisation du préfet, pourrait adjuger sur folle enchère et par voie administrative le présent bail qui serait dès lors résilié de plein droit, sans que cette résiliation dût être prononcée par les tribunaux. = Art. 6. La Commune garantissant la jouissance pleine et entière des droits que confère la présente ferme, l'adjudicataire ne pourra, sous aucun prétexte, ni avoir droit à des indemnités, ni résilier son bail, à moins de circonstances exceptionnelles reconnues par le Conseil municipal, et admises par l'autorité Supérieure. Art. 7. Le fermier ne pourra céder son droit au présent bail sans l'autorisation expresse et par écrit de M^r le Maire et l'approbation de M^r le Préfet. = Art. 8. Les Contestations qui pourront survenir sur l'exécution du présent bail, sauf ce qui est dit en l'article 5 ci-dessus, seront portées devant les tribunaux et le maire est dors et déjà autorisé à plaider sur toutes oppositions à Commandement ou à exécution qui serait faite par l'adjudicataire. = Art. 9. L'adjudication ne sera définitive qu'après l'approbation de M^r le Préfet. = Art. 10. L'adjudicataire paiera Comptant, entre les mains du receveur municipal qui en fera Compte à la Commune, la Somme de Deux francs pour l'impression du Cahier des Charges et du procès-verbal d'adjudication et pour les frais de timbre et d'impression des affiches. Il acquittera, dans les dix jours de l'adjudication, entre les mains de M^r le Maire et sur un reçu détaillé, délivré par ce magistrat: 1^{ent} La Somme de Deux francs allouée au secrétaire de l'adjudication, pour frais d'expédition; 2^{ent} les droits d'enregistrement du Procès-verbal d'adjudication; 3^{ent} La Somme de Sept francs Cinquante Centimes pour les frais de timbre de la minute du Cahier des charges, du

Pièces administratives.

Procès-verbal d'adjudication, et les expéditions de ces pièces pour l'adjudicataire et pour le receveur municipal.

Conditions particulières.

Art. 1er La première mise à prix est fixée à la somme de cinquante francs par année, les enchères ne pourront être au-dessous de cinq francs. = Art. 2e La commune se réserve la jouissance du mort-bois de toute nature pour en disposer à ses plaisirs et volontés et procéder à son enlèvement quand elle le jugera convenable. = Dressé par nous, maire de la commune de St Anatole le 20 Avril 1861. Fdlombard

Vu et Approuvé par nous Préfet du Département de l'Hérault. Montpellier le 23 Avril 1861. = Pour le Préfet et par délégation. = Le Secrétaire général = Chaussel.

<table>
<tr><td>

Délibération
du Conseil Mal
pour l'approbation
du Cahier des charges
et du fermage
des herbages.

L
—
58

</td><td>

L'an 1861 et le 3 Mai, le Conseil municipal de la commune de St Anatole assemblé en session ordinaire etc....
(Voir le No 10.)

Mr le maire a dit : Messieurs, la Commune possède une garrigue au ténement de Mascla, désignée sous le No 8 de la Section C de la matrice cadastrale, d'une contenance d'environ 20 hectares; elle a toujours été affermée pour la dépaissance des bêtes à laine, avec réserve expresse du mort-bois en faveur des pauvres de la Commune, qui, depuis un temps immémorial ont usé de la faculté de l'enlever pour leur chauffage seulement; nous avons l'honneur de vous proposer d'affermer cette dépaissance sous cette réserve et aux conditions suivantes : l'adjudication aura lieu aux enchères publiques, la première mise à prix sera de 50 fr par année, les enchères ne pourront être au-dessous de 5 francs, le bail aura une durée de trois années à partir du 1er Septembre prochain, son prix annuel sera versé, par trimestres et d'avance, entre les mains du Receveur municipal; l'adjudicataire devra enfin se conformer aux autres obligations imposées par le cahier des charges que nous soumettons à votre approbation. Le Revenu de ce fermage sera employé à couvrir nos dépenses ordinaires et obligatoires. = Aucun membre du Conseil municipal ne demandant la parole pour contredire les propositions de Mr le maire

</td></tr>
</table>

Pièces administratives.

Elles sont mises aux voix et adoptées à l'unanimité. Le Conseil, avant de se séparer, a désigné M. M. Mestre et Fadat, membres du Cel municipal, à l'effet d'assister M. le Maire lors de l'adjudication aux enchères publiques. Et les délibérants ont signé après lecture faite.

Raux — C. Soullié — Michel — Nicolas — Saba — Collet — adjoint — Bernard — L. Cabassut — Le Mestre — Fadat — F^ric Combres Maire

Vu et approuvé par nous Préfet de l'Hérault. à Montpellier le 5 Mai 1861. = Sébastien.

<table><tr><td>Affiche d'enquête sur la délibération du Conseil municipal relative au fermage.</td><td>L—59</td></tr></table>

Voir le numéro 53 et changer seulement le motif et la date de l'enquête qui aura lieu du 8 au 15 Mai inclus.

<table><tr><td>Procès-Verbal d'enquête Contenant des opposit^ons</td><td>L—60</td></tr></table>

Registre (ou procès-verbal d'enquête) ouvert à la mairie pour les soins de Mr Frédéric Combres, maire de la Commune de St Anatole, le 8 Mai 1861, à l'effet de recevoir les observations et les réclamations des habitants de cette Commune sur une délibération du Conseil municipal, sous la date du 3 du même mois, ayant pour objet le Fermage d'une dépaissance désignée au Cadastre sous le N° 8 de la Section C, au tènement de Mascla. = St Anatole le 8 Mai 1861. F^ric Combres

Ce jourd'hui 8 Mai, pardevant nous maire de la dite Commune, a comparu le Sr Castan Joseph, agriculteur, lequel ne sachant signer, nous a prié d'écrire sa réclamation conçue en ces termes : Je m'oppose au fermage de cette dépaissance, attendu qu'il me semble plus avantageux pour la Commune et pour les habitants de permettre d'y conduire les troupeaux moyennant une taxe à imposer à leurs propriétaires, de même qu'on le pratique à l'égard de la dépaissance appelée Puechtort. Nous maire après avoir donné lecture ou déclarant de son dire qu'il a reconnu exact, avons signé. F^ric Combres

Je déclare m'opposer au fermage proposé, par les motifs ci-dessus exprimés. = St Anatole le 9 Mai 1861. = Thérond

Pièces administratives.

La mesure prise par le Conseil municipal d'affermer cette dépaissance me paraît très-utile à la Commune. ✳ St Anatole le 12 Mai 1861. Cavalier.

Ce jourd'hui 15 Mai 1861, à 6 heures du soir, nous Maire, avons clôturé le présent procès-verbal d'enquête contenant deux oppositions et une approbation. ✳ St Anatole le 15 Mai 1861.
Le Maire.

Délibération du Conseil municipal sur les oppositions contenues au procès-verbal d'enquête.

L. 61

L'an 1861 et le 30 mai, le Conseil municipal de la Commune de St Anatole réuni extraordinairement &c... (Voir le N° 14)

Mr. le président a exposé qu'une enquête a été ouverte à l'effet de recevoir les réclamations des habitants de la Commune sur la délibération du Conseil, en date du 5 présent mois, ayant pour objet le fermage d'une dépaissance au tènement de Pascla, désignée sous le N° 8 de la Section C de la matrice cadastrale; que deux d'entr'eux ont protesté, en affirmant qu'il serait plus avantageux pour la Commune et pour les habitants de jouir en commun de ces dépaissances, au moyen d'une taxe que les propriétaires de bestiaux paye-raient à raison du nombre de têtes de bétail qu'ils y envoi-raient, comme nous le pratiquons à l'égard de celle appelée Prechtort: Mr. le maire engage le conseil à déli-bérer sur cette réclamation.

Le Conseil considérant que cette dépaissance occupe un espace trop restreint pour la mettre à la disposition des propriétaires moyennant une taxe; que personne ne consen-tirait à détacher de son troupeau un très-petit nombre de bêtes à laine pour les y conduire; qu'il résulterait de cet état de choses une perte réelle pour la Commune, est d'avis que cette opposition est mal fondée. En conséquence, il délibère, à l'unanimité, qu'il y a lieu de prier Monsieur le Préfet d'approuver la délibération prise par le Conseil dans sa séance du 3 du présent mois.

Lecture faite du procès-verbal, les membres présents l'ont signé et Mr. le président a levé la séance. Suivent &c.

Pièces administratives.

Fait et délibéré à St Anatole les jour, mois et an que dessus. C Soullié (Michel) Isolas adjoint Salze Mars Bernard L. Cabassut L. Mestre Fad Combres ? . . . Fadat Collet ?

Afiche pour annoncer l'adjudication de ce fermage.

L 62.

Après l'approbation du préfet, le maire fait aficher et publier l'avis suivant :

Le public est prévenu qu'il sera procédé, le Dimanche 21 Juillet prochain à 11 heures du matin, en la Mairie de St Anatole, pardevant le Maire de cette Commune assisté de deux Conseillers municipaux, à l'adjudication aux enchères publiques du bail à ferme pour trois années Consécutives qui commenceront le 1er Septembre prochain et prendront fin le 31 Août 1864, des herbages d'une dépaissance communale non soumise au régime forestier, au ténement de Pascla, Contenant environ 20 hectares, désignée sous le No 8 de la Section C de la matrice Cadastrale de ladite Commune de St Anatole. — La mise à prix pour la redevance annuelle est fixée à 50 francs payables par trimestre et par avance. Il ne sera reçu d'enchères audessous de 5 francs. — On pourra prendre Connaissance du cahier des charges au Secrétariat de la Mairie de St Anatole tous les jours non fériés de 8 heures du matin à 5 heures du Soir, jusqu'à l'adjudication. — Fait à St Anatole le 15 Juin 1861. — Le Maire. Fad Combres

---

Procès-Verbal d'adjudication de fermage

63 L

L'an mil huit Cent Soixante et un et le 21e jour du mois de Juillet, Nous, maire de la Commune de St Anatole assisté de M. M. Mestre et Fadat membres du Conseil municipal, désignés à cet effet par délibération du 3 Mai 1861, nous sommes rendu dans la Salle des délibérations de la Mairie, où étant, et en présence de Mr Bonniol, receveur municipal de la Commune, nous avons déclaré que, d'après les publications faites et les afiches apposées à l'avance à la porte de l'église paroissiale de la Commune et de celles des églises les plus voisines, ainsi qu'il appert des certificats délivrés par

Pièces administratives.

les maires, il allait être procédé sur une seule épreuve, à l'ad-
-judication de la ferme des herbages d'une dépaissance, au
ténement de Pascla, de la contenance d'environ 20 hectares,
sur une première mise à prix de cinquante francs et aux
clauses et conditions énoncées au cahier des charges générales
et particulières, approuvé par Mr le Préfet, le 27 mai dernier,
dont il a été donné lecture. Nous avons allumé un premier
feu, pendant la durée duquel le Sr Bonys françois a fait
une offre de 55 francs; le Sr Thérond Eugène de 60 francs &
le Sr Joseph Sélager de 65 francs; il a été allumé un second
feu pendant lequel le Sr Bonys françois a fait une offre de
70 francs. Deux autres feux ayant été allumés successivement et s'étant éteints sous enchères, nous avons adjugé
au Sr Bonys françois, propriétaire demeurant à St Anatole,
pour en jouir pendant 3 années, la ferme de la dépaissance
de Pascla moyennant la somme annuelle de 70 francs; à
la charge par lui de se conformer aux clauses et conditions
du cahier des charges auquel il s'est soumis et a signé
avec nous. L'exécution de cet acte est suspendue jusqu'
après l'approbation du préfet. Fait et dressé à St
Anatole le 21 juillet 1861. Le Maire
Les Conseillers municipaux
Le Receveur municipal. Bonniols. L'adjudicataire Bonys
Vu et approuvé par nous Préfet du Département de l'Hérault
Montpellier le 6 Août 1861. Sébastien.
Enregistré à St Anatole le 15 Août 1861, folio 7, case
8, Reçu ——— Le Receveur = Cantieu.
Reçu approuvé le Dix Août 1861.
Le Maire.

Bail à ferme d'un bien rural dont la durée excède 18 ans.

Aucun bail à ferme de cette catégorie n'existe dans
notre commune, il est cependant convenable d'indiquer
ici les pièces administratives à faire rédiger:
Lettre du préfet qui, sur la demande du maire,

Pièces administratives.

désigne un expert pour procéder à l'estimation du prix de ferme.

Expertise.	**L -65**	Procès-verbal d'évaluation dressé par l'expert désigné par le préfet.
Cahier des Charges.	**L -66**	Le maire rédige un Cahier des Charges (Voir le N° 57)
Délibération du Conseil municipal	**L -67**	Délibération du Conseil municipal sur l'expertise, le Cahier des charges et les Conditions du bail. (Voir le N° 58)
Publication et procès-verbal d'une enquête de Commodo et incommodo.	**L -68**	Le préfet ayant ordonné une enquête de commodo et incommodo et désigné un Commissaire pour y procéder, le Maire fait publier et afficher pour prévenir du jour de l'ouverture de cette enquête qui aura lieu à la mairie. (Voir le N° 23. ⇒ Voir aussi le N° 24 pour le procès-verbal d'enquête.)
Délibération du Cl. Mpal sur les réclamations contenues dans l'enquête. Conclusion.	**L -69**	Cette enquête n'ayant donné lieu à aucune réclamation, inutile de faire délibérer le Conseil municipal. Si le préfet approuve le projet, le maire fait apposer des affiches pour l'adjudication (Voir le N° 62.) et procède à cette opération (Voir le N° 63.)
Liste des 30 plus imposés de la Commune, dressée en exécution des art. ... et 42 de la loi du 18 Juillet 1837	**V -70**	*Liste des 30 plus imposés.*

Liste des 30 plus imposés.

N° d'ordre.	Noms, Prénoms et Professions des Contribuables	Domicile	Montant de la Contribution. année 1861.					Observations.
			Foncière	Personnel et mobilier	Portes et fenêtres	Patente	Total	
1	Thibaud Jean, propr.	S. Anatole	288 65	13 50	10 »	» »	300 15	
2	Bruguière adolphe __ id __	Montpellier	197 »	5 »	8 »	» »	210 »	

Suite

Pièces administratives.

N° d'ordre	Noms, Prénoms, Professions et Demeures des Contribuables.	Domicile	Montant de la Contribution Année 1861											Observations
			foncière		personnelle et mobilière		Portes et fenêtres		Patente		Total			
			f	c	f	c	f	c	f	c	f	c	
3	Mazel Jacques, propr.	St anatole	155	50	8	50	6	25	"	"	170	25	
4	Pepin fulcrand – id –	– id –	149	50	9	50	10	"	"	"	169	"	
5	Olivier Antoine – id –	– id –	148	50	9	50	9	50	"	"	167	50	
6	Arnaud Louis – id –	– id –	88	"	7	50	6	"	"	"	101	"	
7	Bonys Joseph – id –	– id –	84	"	6	50	5	"	"	"	95	"	
8	Jeanjean, maire	fontans	80	30	"	"	"	"	"	"	80	30	
9	Nourrit antoine, maire	Fabriac	68	"	"	"	9	"	"	"	77	"	
10	Périer Jn Lt, propr.	St Anatol	66	"	5	50	5	"	"	"	76	50	
11	Collet jean id	id	66	"	4	50	4	"	"	"	74	"	
12	Bruguière Ant. id	id	62	50	3	50	5	"	"	"	70	"	
13	Bruguière jean id	id	57	70	3	50	6	"	"	"	67	20	
14	Jeanjean Jacques – id	id	55	50	5	50	4	"	"	"	64	"	
15	Bruguière fois id	id	52	75	5	00	3	25	"	"	60	"	
16	Jeanjean Pascal id	id	47	90	6	"	4	10	"	"	57	"	
17	Bruguière fois id	id	46	20	5	50	3	"	"	"	55	70	
18	Bros Guill. id	id	48	"	3	"	2	"	"	"	53	"	
19	Serre Thomas id	id	35	40	4	50	5	10	"	"	45	"	
20	Armand Antoine id	id	34	40	4	20	3	50	"	"	42	10	
21	Cabane fulcrand id	id	31	50	6	50	3	00	"	"	40	50	
22	Serre René id	Lavide	35	10	"	"	"	"	"	"	35	10	
23	Cabane jean id	St Anatol	26	50	4	50	3	"	"	"	33	"	
24	Cabane Eugène id	id	23	"	5	"	2	"	"	"	30	"	
25	Mazel Edouard id	id	24	50	3	50	"	"	"	"	27	50	
26	Mazel Auguste id	id	21	60	3	50	"	"	"	"	25	10	
27	Arnaud Jacques id	id	12	50	2	50	1	"	"	"	15	"	
28	Bros Etienne id	id	10	50	2	50	1	50	"	"	14	50	
29	Bros joseph id	id	9	50	2	50	2	"	"	"	13	"	
30	Cassaigne Guill. id	id	6	75	2	50	1	"	"	"	10	25	

Pièces administratives.

Retranchements opérés conformément aux dispositions de l'avis du Conseil d'État, en date du 21 Décembre 1842.

Nos d'ordre	Noms, Prénoms, et Professions des Contribuables retranchés de la liste des plus fort imposés	Domiciliés	Montant de la Contribon année 1861										Motifs des retranchements
			foncière		personnelle et mobile		portes et fenêtres		Patentes		Total		
			f	c	f	c	f	c	f	c	f	c	
1	Combres frédéric, Maire	St anatole	770	50	80	"	40	50	"	"	890	00	Membres du Cel pal
2	Ivolas adjoint	id	666	15	60	"	24	10	"	"	750	25	
3	Michel pierre proprre	id	362	50	30	50	18	"	"	"	410	"	
4	Soulier Cyprien id	id	280	70	25	"	10	"	"	"	315	70	
5	Raux Etienne id	id	483	80	10	20	6	"	"	"	500	"	
6	Bernard félix id	id	331	50	10	50	...	"	"	"	350	"	
7	Cabassut-Louis id	id	61	"	5	25	4	"	"	"	70	25	
8	Mestre Xavier id	Fontadrès	83	"	12	"	6	10	"	"	101	10	
9	Fadat Auguste id	St Anatol	74	"	7	"	4	"	"	"	85	"	
10	Salze id	id	67	"	4	"	2	"	"	"	73	"	
11	Collet françois id	id	93	50	10	50	6	"	"	"	110	"	
12	Veuve Sauzet Claris id	Montpellier	382	"	10	"	8	"	"	"	400	"	Veuves.
13	Veuve Bonys frères	St anatol	73	50	4	50	3	"	"	"	80	"	

Fait et dressé par nous, Percepteur-receveur municipal de la Commune de St Anatole. = A St Anatole le 3 Janvier 1861.

Bonniol.

Le Maire de la Commune de St Anatole certifie que la présente liste a été publiée et affichée le Dimanche 6 Janvier 1861, avec avis que les réclamations qui seraient faites sur la rédaction devraient être déposées à la mairie dans le délai de quinze jours.

A St Anatole le 6 Janvier 1861. = Le Maire Fréd Combres

(Sceau de la Mairie)

Vu et approuvé : = à Montpellier le 1er Février 1861. =

Pour le préfet et par délégation.

Le Secrétaire général. = Champel.

<table>
<tr><td>

Publication de cette liste, et avis aux habitants.

V 71

Envoi au préfet de cette liste et approbation.

V 72

Expéditions des actes de l'État civil et des délibérations.

V 73

</td><td>

Pièces administratives.

L'an 1861 et le 6 Janvier, le maire de la Commune de St Anatole prévient ses administrés qu'à partir de ce jour jusqu'au 20 inclus, la liste des plus forts contribuables restera déposée à la mairie où ils pourront en prendre connaissan-ce et déposer leurs réclamations respectives sur sa rédaction. = St Anatole le 6 Janvier 1861. = Le Maire. *[signature]*

Cette liste est adressée par le maire au préfet pour être approuvée.

Modèles de rédaction des expéditions des actes de l'état civil et des délibérations des Conseils municipaux. = 1° Pour les actes de l'État civil :
Extrait du registre des .... (naissances, Publications, mariages ou décès) de la Commune de .... pour l'année (suit la copie entière de l'acte et des annotations ou corrections inscrites en marge, la mention des Signatures. Il ne faut absolument rien corriger et copier textuelle-ment ce qui est écrit. = On ajoutera ensuite : Certifié le présent extrait conforme au registre, par nous maire et officier de l'État civil de la Commune de ... Signature et cachet de la mairie. = Ou par nous adjoint à la Mairie, remplissant les fonctions d'officier de l'État Civil de la Commune de ... en remplacement du maire absent, ou malade ou empêché. = Ou par nous adjoint au maire remplissant les fonctions d'officier de l'État civil de la commune de ..... par suite de la délégation du maire, contenue dans l'arrêté du ..... = Ou par nous Membre du Conseil municipal de la Commune de ...... remplissant les fonctions d'officier de l'état civil, en l'absence (ou en remplacement, ou à défaut) du maire ou de l'adjoint. = Mettre en marge la nature de l'acte et le nom de la personne.

Pour les expéditions des délibérations.

Extrait du registre des délibérations du Conseil municipal de la Commune de ...... (copier textuellement l'acte, mentionner les Signatures, ajouter : certifié conforme, faire signer le maire et apposer le cachet de la mairie. Il faudra ensuite mettre en marge : Département de ..... Arrondissement de ..... Canton de ..... Commune de .... Objet. = et analyser en quelques mots la délibération.

</td></tr>
</table>

Pièces administratives.

Répertoire administratif

Nota (feuille de papier timbré à 0.70°)

Le présent registre contenant deux feuilles a été coté et paraphé sur chaque page par nous Préfet de l'Hérault le 1er 7bre 1860. = Pour le préfet et par délégation le Secrétaire général. Champels.

1ère page Champels

Numéros d'ordre	Date de l'acte.	Nature de l'acte.	Noms Prénoms et Domicile des parties.	Indication des biens.	Enregistrement		Approbation par le Préfet ou S.-Préfet.	Date de la réception de l'arrêté d'approbation.
					Date	Droits perçus		
1	2 7bre 1860	Concession dans un Cimetière	Thérond Jean à St Anatole	Cimetière	25 7bre 1860	"	12 7bre 1860	18 7bre 1860.
2	2 xbre 1860	Bail à ferme	Abric Charles – id –	eaux versante d'une fontaine	13 fev. 1861	"	28 xbre 1860	15 Janvier 1861.
			Vu par nous receveur de l'enregistremt. à St Anatole le 2 Janvier 1861. Artignan					
3	2 Janv. 1861	Concession dans un cimetière.	Cassalgne Antoine St anatole	Cimetière	5 fev. 1861.	"	15 Janv. 1861	25 Janvier 1861
			Vu par nous receveur de l'enregistrement à St anatole le 7 Avril 1861. Artignan					
	Avril, Mai, Juin (néant)	Vu par nous Receveur de l'enregistremt. à St Anatole le 4 Juillet 1861. Artignan						
4	29 Juillet 1861	Adjudication d'une ferme.	Bonys fds à St Anatole	de Pascla	15 Août 1861	"	6 Août 1861	10 Août 1861.
			Vu par nous receveur de l'Enregistrement le 2 Octobre 1861 = Artignau					
	Octobre, Novembre, Décembre (néant)	Vu par nous receveur de l'enregistrement le 3 Janvier 1862. Artignan						
5	6 Janv. 1862	Vente par adjudon	Girand fds à St anatole	la Rouviere	18 Janv. 1862	"	10 Janv. 1862	15 Janv. 1862
6	id	id	Bonys fds	id	id	id	"	id	id
7	id	id	Therond frs	id	id	id	"	id	id
8	id	id	Bros Gme	id	id	id	"	id	id
9	id	id	Thérond Fr	id	id	id	"	id	id
10	id	id	Sabatier Etne	id	id	id	"	id	id
11	id	id	Barès hypte	id	id	id	"	id	id
12	id	id	Cabane jean	id	id	id	"	id	id

Traité
de gré à gré
pour
un fermage.

M — 75

Pièces administratives.

Traité de gré à gré pour le fermage des eaux versantes d'une fontaine.

L'an 1860 et le 15 novembre. — Pardevant nous Frédéric Combres, maire de la Commune de St Anatole, assisté de Mr Ivolas notre adjoint, agissant en vertu de l'autorisation de Mr le préfet sous la date du 25 dudit mois : a Comparu. — Mr Abric Charles, propriétaire domicilié dans ladit commune, avec lequel nous avons Conclu le traité suivant :

1°. La Commune de St Anatole baille à ferme audit Mr Abric, acceptant, les eaux versantes de la fontaine située sur la place publique attenante à l'église, qui vont se déverser dans un fossé Confrontant sa propriété, pour les utiliser à partir de cet endroit comme bon lui semblera.

2°. Ce bail aura une durée de 6 années consécutives à partir du 1er Janvier prochain et prendra fin le 31 Xbre 1866. — 3°. Mr Abric s'engage à payer à la Commune un prix de ferme annuel de Cinquante francs, qui sera versé par trimestre et d'avance entre les mains du Receveur municipal.

Conditions particulières du bail.

4°. En cas de non paiement aux époques cidessus déterminées, le fermier sera constitué en demeure, sans qu'il soit besoin d'acte et par la seule échéance du terme, le présent bail sera résilié de plein droit, sans que cette résiliation doive être prononcée par le tribunal; et le Sr Abric sera tenu de verser en plus dans la Caisse du receveur municipal une somme de Cent francs, à titre de dommages-intérêts.

5°. Le fermier ne pourra avoir droit à une indemnité, ni résilier son bail, dans le cas où les eaux de la fontaine cesseraient de couler pendant l'espace d'un mois Consécutif. après ce délai, la Commune lui diminuera proportionnellement le prix du bail en raison de la non jouissance, mais elle ne sera nullement tenue à lui payer toute autre indemnité. — Le présent traité ne sera exécutoire qu'après l'approbation de l'autorité préfectorale. — Fait et rédigé en double original, à St Anatole les jour, mois et an que dessus, et après lecture faite les Comparants ont signé.

Le preneur.   L'adjoint.   Le Maire.

Abric   Ivolas   Combres

Pièces administratives.

Vu et approuvé par nous préfet de l'Hérault, Montpellier le 21 Xbre 1860. = Le Préfet de l'Hérault. = Sébastien. = Reçu approuvé le Quinze janvier mil-huit cent soixante-un. = Le Maire

Enregistré à St Anatole le 13 février 1861, fol. 5 Case 6, Reçu Le Receveur = Baubers

Délibération du Conseil M^{al} Sur ce traité.	**M — 76**

L'an 1860 et le 1er Décembre, le Conseil municipal de la Commune de St Anatole réuni en session ordinaire &c. (Voir le N°19.)

M^r le Maire a dit : M. M. depuis l'établissement d'une fontaine Sur la place publique attenante à l'Eglise, le trop plein des eaux se déverse dans un fossé vis-à-vis la propriété de M^r charles Abric et disparaît plus bas à travers des rochers. Le proprié- taire fait l'offre d'en devenir fermier moyennant une rente annuelle de 50 francs pendant 6 années Consécutives. Nous avons examiné sa proposition avec tout le Soin qu'elle mérite et nous avons remarqué qu'elle était d'autant plus avantageuse à la Commune que nous Sommes dans l'impossibilité d'utiliser ces eaux et que nous créons en les affermant une ressource nouvelle pour faire face à nos dépenses obligatoires. D'autre part, il est incontestable que longeant, dans leur parcours, la propriété de Mr Abric et s'y perdant avant d'atteindre les propriétés voi- -sines, elles ne peuvent être utilisées par un autre proprié- -taire. En Conséquence, nous avons l'honneur de vous propo- -ser d'accepter le traité de gré à gré dont il va vous être donné lecture. = Le Conseil municipal approuve à l'una- -nimité la proposition de M^r le Maire. Et ont les Délibérants Signé après lecture faite. C Soulié, Michel, Ivolas adjoint. L. Cabanut, Bernard, Roux. Hostin, Vidal, Sabz, Collet, ...lambert, Maire.

Affiche pour annoncer l'enquête Sur cette délibération	**M — 77**

Cette enquête doit rester ouverte à partir du 8 Décembre, jusqu'au 15 inclus. (Voir le N° 53.)

Procès-Verbal d'enquête.	**M — 78**

Elle est close le 15 Décembre = Elle n'a donné lieu à aucune réclamation ; (Voir 54) le dossier doit être envoyé au préfet pour être approuvé.

Pièces administratives.

Taxes à établir pour la dépaissance dans les bois soumis au régime forestier.

Ce procès-verbal étant dressé par l'administration forestière, nous n'avons pas à le transcrire ici.

Même observation.

(Voir les pièces numéros 49 à 56 inclus, attendu que les formalités à remplir sont identiquement les mêmes.)

Plan d'alignement.

Le maire a fait dresser un devis de la dépense résultant de la confection d'un plan d'alignement, le soumet au Conseil municipal et lui propose de prendre la délibération suivante : L'an 1861 et le 3 février, le Conseil municipal de la commune de St Anatole, réuni &c. (Voir le N° 19.)

Le Conseil municipal, vu le devis de la dépense à faire pour la confection d'un plan d'alignement des rues du village dressé par Mr Cambon architecte qui s'engage à exécuter ce travail moyennant la somme de 100 francs et dans un délai de 3 mois ; Vu les lois du 16 7bre 1807 et 18 Juillet 1837 ; Vu le décret du 25 Mars 1852 ; Vu les instructions Mlles des 17 Août 1813, 25 8bre 1837 et 5 Mai 1852 ; Considérant qu'il est indispensable pour la commune d'avoir à sa disposition le plan dont il s'agit, Délibère : qu'il y a lieu de procéder à sa confection, d'approuver le devis, d'accepter les conditions cidessous stipulées et de payer la dépense qui en résultera sur les fonds libres communaux. Fait et délibéré à St Anatole les jour, mois et an que dessus.

Cabanut Bernard, Vaur, Soullié Michel, Volas adjoint.
Mestre, Fadat, Salze, Colbet, ...

Marginal index:

Procès-Verbal de reconnaissance des Cantons — Q 79

Notification au Maire — Q 80

Établissement de la taxe — Q 81 et 82

Délibération du Conseil municipal votant les fonds nécessaires à la Confection d'un plan d'alignement — S 83

Pièces administratives.

Plan.	§ 84 Nous faisons observer que dans notre département les maires doivent s'adresser de préférence aux architectes d'arrondissement pour la rédaction de ce plan, ils auront ainsi à leur disposition des hommes intelligents et capables qui voudront bien se contenter de modestes honoraires.
Délibération du C.¹ M.¹ relative à l'approbation du plan.	§ 85 L'an 1861 et le 1ᵉʳ Mai, le Conseil municipal de la Commune de St Anatole, réuni &c. (Voir le Nº 19.) Mr le Maire donne communication au Conseil du plan d'alignement pour les rues du village, dressé par M. Cambon architecte de l'arrondissement de Montpellier et l'invite à l'approuver. — Le Conseil après un mûr examen déclare que ce plan est très-bien conçu ; que par suite de son exécution l'entrée du village sera élargie de manière à améliorer sensiblement la circulation des charrettes ; que les habitations situées dans le quartier de Falip seront suffisamment aérées, deviendront salubres, tandis qu'elles étaient constamment envahies par les épidémies ; délibère à l'unanimité qu'il y a lieu de soumettre ce plan à la sanction de l'autorité préfectorale. Et les délibérants ont signé après lecture faite. Baur, Soullié, Michel, Poolat, adjoint. Bernard, P. Cabassut, D. Mestre, Nodal, Salze, Collet
Afiche pour annoncer une enquête.	§ 86 Après l'approbation du préfet, qui nomme un Commissaire pour procéder à une enquête, le maire publie et affiche l'avis suivant : Les habitants de la commune de St Anatole sont prévenus que le plan d'alignement pour les rues du village sera déposé à la mairie le 25 mai pour y rester pendant 15 jours et être communiqué, sans déplacement, aux personnes qui se présenteront. — A l'expiration de ce délai de quinzaine un commissaire spécial désigné par Mr le Préfet recevra pendant trois jours consécutifs à partir du 9 juin jusqu'au 11 inclus, les déclarations des habitants sur l'utilité publique du plan projeté. — A St Anatole le 24 Mai 1861. — Le Maire
Procès-Verbal d'enquête	87 Cette enquête doit durer 3 jours consécutifs. (Voir pour la rédaction du P.² V.¹ nº 60).

Pièces administratives.

Délibération du Conseil municipal sur des réclamations. S. 88	L'an 1861 et le 25 juin, le Conseil municipal de la commune de St Anatole, réuni extraordinairement, etc. (Voir le N° 14) — Le Maire a dit : M. M. l'enquête ouverte pour constater l'utilité publique du plan d'alignement, approuvé par votre délibération du 1er Mai dernier, a soulevé des oppositions de la part de trois habitants de la commune ; ils pensent que nous ne donnons point assez de largeur à l'avenue du village ; vous voudrez bien, Messieurs, examiner si ces réclamations sont fondées.

Le Conseil municipal est d'avis qu'elles doivent être rejetées attendu que la largeur à donner à cette avenue est de six mètres et qu'elle est suffisante pour faciliter la circulation. Les délibérants ont signé après lecture faite.   Nolas adjoint.

X Mestre   Bernard   C Soullié   Michel   Cambres Maire

Collet   Salze   S. Cabanut   Baur   Fadat

Nouvelle délibération Conseil municipal sur les réclamations. S. 89	Le Préfet étant d'avis que la Commune doit faire droit aux réclamations ci-dessus, renvoie le dossier au maire et le Conseil municipal prend la délibération que nous allons transcrire :

L'an 1861 et le 10 juillet, le Conseil municipal de la Commune de St Anatole réuni extraordinairement &c. (Voir le N° 14). Mr le président a dit : M. M. Monsieur le Préfet nous a renvoyé le dossier relatif au plan d'alignement projeté, en nous invitant à vous convoquer à l'effet d'examiner de nouveau s'il ne serait pas convenable de donner une plus grande largeur à la rue qui sert d'avenue au village, comme paraissent le désirer un certain nombre des habitants. Veuillez, Messieurs, examiner cette proposition que nous croyons fondée.

Une discussion s'engage dans le sein du Conseil ; plusieurs membres sont d'avis que la largeur de six mètres à donner à la voie est très suffisante pour la circulation dans une localité aussi peu importante, et qu'une plus grande largeur engagerait la Commune dans une dépense trop considérable ; d'autres soutiennent qu'il serait convenable d'y donner deux mètres de plus, dans la prévision que la route départementale N° 2 ne tardera pas, par suite d'une rectification projetée, à traverser le village et que ce serait même un motif déterminant pour l'administration supérieure d'adopter le tracé

Pièces administratives.

qui le desservirait, tandis qu'elle pourrait conserver l'ancien qui présente une économie notable pour le département. — Ces dernières considérations font une vive impression sur les membres du Conseil. La proposition d'une augmentation de largeur de deux mètres étant mise aux voix, elle est votée par neuf membres contre deux qui ont déclaré s'abstenir de prendre part au vote. Lecture faite de cette délibération, elle a été signée par les membres présents. Salz, Flad, G. Cabassut, Faure, C. Soullié, Isolas adjoint. Collet C., H. Mestre, Bernard, Michel, Frédembrgt &ᵃ.

Arrêté du maire pour donner un alignement lorsqu'il n'existe pas de plan.	**S** — 90	Nous, Maire de la Commune de Sᵗ Anatole, un la demande qui nous a été faite par Mʳ Perrier, Louis, propriétaire, par laquelle il expose qu'il est dans l'intention de reconstruire le mur de face de sa maison d'habitation ; vu le rapport, en date du 4 février 1861, de l'agent-voyer d'arrondissement auquel la dite demande a été par nous communiquée ; Considérant qu'aux termes des lois du 16 7ᵇʳᵉ 1807, art. 52 et du 18 Juillet 1837, art. 10, il est dans nos attributions de délivrer des alignements pour les constructions à faire dans les rues et places publiques, arrêtons : l'alignement demandé par le Sʳ Perrier pour la reconstruction du mur de face de sa maison ci-dessus mentionnée, est fixé ainsi qu'il suit : Cette reconstruction aura lieu dans une direction parallèle au nouvel axe de la rue et à trois mètres de distance dudit axe ; l'agent-voyer est chargé de veiller à ce que, pendant les travaux de construction, il ne soit apporté aucun changement à l'alignement ci-dessus donné. — Dans le cas où ledit alignement n'aurait pas été observé tel qu'il est indiqué au présent arrêté, il sera dressé procès-verbal de la contravention pour y être donné telles suites qu'il appartiendra. — Fait à Sᵗ Anatole le 15 Mars 1861. — Le Maire
Création d'un marché.	**U** 94	Création d'un marché pour les bestiaux. On rédigera pour cet objet les mêmes pièces administratives que nous énumérerons plus bas pour la création d'une foire (Voir les Nᵉˢ 96 à 101 inclus.)
— idem — autre que pour les bestiaux	**U** 95	Création d'un marché autre que pour les bestiaux. Même observation que ci-dessus ; Cependant c'est le préfet qui les autorise.

Pièces administratives.

Création d'une Foire.

L'an 1861 et le 2 Août, le conseil municipal de la Commune de St Anatole Lenui &c. (Voir le N° 19) Mr. le Maire a dit : L'éducation des bêtes à laine est la principale industrie agricole de notre Commune, le Sol n'étant pas assez fertile pour s'occuper de leur engrais. D'autre part, nos propriétaires, ne pouvant vendre leurs produits sur place, sont tenus de les conduire à des foires dans des localités distantes de la nôtre, d'au moins 30 Kilomètres : Ce déplacement occasionne des frais et des pertes Considérables : Veuillez Messieurs, examiner s'il ne serait point convenable de Solliciter la création d'une foire de la durée d'un jour et dont l'époque devrait être fixée au 1er Novembre de Chaque année.

Le Conseil considérant : 1° que le nombre des bêtes à laine dans la Commune est au moins de 8,000 ; 2° Qu'il en existe à peu près un nombre égal dans chacune des Sept Communes les plus rapprochées, distantes de la nôtre de 4 à 15 Kilomètres et qu'elles se trouvent dans les mêmes Conditions d'éloignement des foires déjà établies ; 3° que le projet proposé par M. le maire nous est non Seulement avantageux, mais Se recommande encore par Son utilité publique, Délibère qu'il y a lieu de Solliciter auprès du gouvernement la création d'une foire dans la Commune de Saint Anatole, pour être ouverte le 1er Novembre de chaque année et être clôturée le même jour : Les délibérants ont Signé après lecture faite. S. Cabassut, Baux, C. Souillé, Sirolas, adjoint, Salze, Bernard, Michel, Collet, Ward, L. Meste, ...

La rédaction de ce plan est Soumise à diverses règles qu'on trouvera énumérées aux annotations Supplémentaires lettre **U.** — Inutile de le figurer ici.

Envoi de ces deux pièces au Préfet — Ce magistrat consulte tous les Conseils municipaux des communes Situées dans un rayon de deux myriamètres.

Extrait du registre des délibérations du Conseil

municipal de la Commune des Matelles, arrondissement de
Montpellier, département de l'Hérault.

L'an 1861 et le 5 Septembre, le Conseil municipal de la
Commune des Matelles, réuni extraordinairement &c (Voir
le Nº 14.) = Mr le Maire a dit : MM. autorisé par Mr le
Préfet à vous réunir à l'effet de délibérer sur l'opportunité
de la création d'une foire dans la Commune de St Anatole,
distante de la nôtre d'environ 15 Kilomètres, nous avons
l'honneur de vous proposer d'accueillir favorablement ce
projet, dont l'exécution sera d'une grande utilité pour les
propriétaires de troupeaux de notre Commune et de toutes les
localités qui nous environnent. = Le Conseil municipal
approuve à l'unanimité la proposition de Mr le Maire. Les
délibérans ont signé après lecture faite ; Ganton, Massal
Pigexire, Cambrenoux, Jeanjean, Castan, Pontragon,
Hagel, Coste adjoint et Cabane, Maire, = Pour Copie
Conforme. = Le Maire : Cabane).

Il est inutile de rédiger les délibérations des autres Conseils
municipaux qui ont été consultés par le préfet, nous insé-
-rerons seulement ici celle d'un Conseil représentant une
Commune située à plus de 20 Kilomètres de St Anatole, qui
n'est point dans les limites fixées par l'ordonnance du 22 7bre
1838 ; mais qui n'a pas moins le droit de former opposition
à la création projetée

Extrait du registre des délibérations du Conseil muni-
-cipal de la ville de Sommières, département du Gard.

L'an 1861 et le trois Septembre, le Conseil municipal
de la ville de Sommières, département du Gard, réuni extraor-
-dinairement etc. . . (Voir le Nº 14) ; Mr le Maire a dit :
Messieurs ; ayant été informé que la Commune de St Anatole
département de l'Hérault, assez rapprochée de la nôtre,
avait demandé la création d'une foire dont l'ouverture
aurait lieu le 1er novembre, précédant ainsi de deux jours
seulement celle dont nous sommes en jouissance depuis un

temps immémorial, nous nous sommes empressés d'obtenir l'au-
-torisation de vous réunir extraordinairement pour vous en-
-gager à faire opposition à la création de cette foire, qui
nous porterait un préjudice incalculable, attendu que la
Commune de St Anatole se trouve située sur le passage de
tous les troupeaux élevés dans les environs du pic Saint-
-Loup, conduits régulièrement à la nôtre.
    Le Conseil municipal partage à l'unanimité l'opinion
de Mr le Maire et invite ce magistrat à adresser la présente
délibération à Mr le Préfet de l'Hérault, pour être statué ce que
de droit. Et les délibérants ont signé après lecture faite :
    Martin, Poujol, Sabatier, Auduze, Cabrol, Bruguière,
Collet, Cassagnier, Julian, Salze, Sue, Pontingon, Palzin,
Riban, Grégoire, Armand adjoint et faisant Maire. — Pour
Copie Conforme. — Le Maire. — Blanc.

---

idem
du Conseil
d'arrondissement

U 100

    Le Conseil d'arrondissement de Montpellier, Vu le dossier
concernant le projet de création d'une foire à St Anatole, qui
doit être ouverte le 1er Novembre de chaque année et fermée le
même jour ; Vu l'avis unanime des Communes limitrophes, à
l'exception de celle de Sommières qui a déclaré faire opposition
sur le motif que la création de cette nouvelle foire porterait
préjudice à celle établie dans la sienne depuis un temps immé-
-morial ; Considérant que cette ville est éloignée de St Anatole
de plus de 30 Kilomètres et qu'il serait injuste d'exiger que les
propriétaires fussent toujours dans l'obligation de faire
parcourir à leurs bêtes à laine une distance aussi considérable
pour en opérer la vente, est d'avis que sans s'arrêter à cette
opposition la foire projetée dans la Commune de St Anatole
soit autorisée.

---

idem
du Conseil général

U 101

    Le Conseil général de l'Hérault, après avoir examiné
la demande de la Commune de St Anatole, ayant pour objet
la création d'une foire qui aurait lieu dans cette commune
le 1er novembre de chaque année et serait clôturée le même
jour ; Vu la délibération motivée du Conseil d'arrondissement
de Montpellier émet un avis favorable à cette demande. =
    = Le préfet fait connaître son opinion dans sa lettre

Pièces administratives.

d'envoi du dossier au Ministre de l'intérieur, et Son Excellence provoque, s'il le juge convenable, un Décret de l'Empereur pour cette création.

Établissement d'un tarif pour les Concessions de terrains dans les Cimetières.

Plan du Cimetière de la commune de St Anatole à l'effet d'établir un tarif pour les concession de terrains.

La superficie de ce Cimetière est de 20 ares, on a réservé 3 ares pour les concessions perpétuelles, 2 ares pour les trentenaires et 1 are pour les temporaires.

Plan
du
Cimetière.

V
—
102

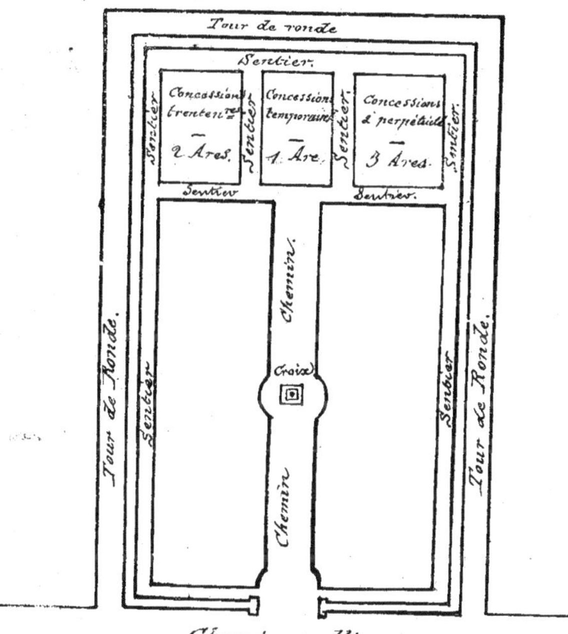

Fait et dressé par l'expert soussigné à St Anatole le 10 Octobre 1860.

Louis Bonne

	Capital à Verser	Attribution du Capital.	
		à la Commune 2/3	aux pauvres 1/3
1ère Classe — Concessions perpétuelles.			
1.° Pour sépultures d'adultes de 2 M. Carrés.	150.ᶠ ""	100. "	50.ᶠ oo
2.° Pour chaque mètre en Sus	75. ""	50..	25. ""
2.ᵉ Classe, Concessions trentenaires.			
1.° Pour Sépultures d'adultes de 2.ᵐ Carrés	36. "	24 "	12. ""
2.° Pour chaque mètre en Sus	18	12. "	6..
3.ᵉ Classe. — Concessions temporaires de 15 ans.			
1.° Pour Sépultures d'adultes de 2.ᵐ Carrés.	18. ""	12..	6. ""
2.° Pour chaque mètre en Sus	9. "	6. "	3. "

Le présent tarif a été rédigé par nous Maire de la Commune de S.ᵗᵉ Anatole le 15 Octobre 1860. — Le Maire. *Fréd. Cambres*

L'an 1860 et le 2 novembre, le Conseil municipal &ᵗ (Voir le N.° 19.) appelé à délibérer sur un projet de tarif et de règlement général concernant les concessions de terrains pour sépultures particulières dans le Cimetière de la Commune; — Le Conseil municipal; — Vu le décret du 23 prairial an XII (12 Juin 1804); Vu l'ordonnance du 6 Décembre 1843, portant règlement d'ad- -ministration publique sur les Cimetières Communaux; Vu la Cir- -culaire M.ᵗⁱᵉ du 30 Décembre 1843; — Vu le procès-verbal d'exper- -tise du Cimetière, le tableau de la population de la Commune; et le relevé numérique des décès pendant les Cinq dernières années; Considérant que l'étendue du Cimetière étant de 20 ares, comparée au chiffre de la population de 421 habi- -tants et à la moyenne des décès par année qui est de 9 individus, permet d'affecter une partie du Cimetière à des Concessions pour Sépultures particulières, et qu'il importe

Pièces administratives.

de faire jouir la Commune et le bureau de bienfaisance des béné-fices attachés à ces Concessions; = Arrête, sauf l'approba-tion de Mr le préfet, les dispositions Suivantes :
Art. 1er — Des concessions de terrains, perpétuelles ou trente-naires et renouvelables indéfiniment, ou purement temporai-res Seront accordées par le Maire, Sur la demande des fa-milles ou des particuliers, pour fondation de Sépultures privées dans le Cimetière de la Commune. A cet effet, la Superficie totale du cimetière Sera divisée en deux Sections principales; l'une qui Contien-dra 14 ares Servira exclusivement aux inhumations ordinaires, l'autre qui Sera de 6 ares Sera délimitée par une haie vive et destinée aux Sépultures particulières pour lesquelles des Concessions Seraient ultérieurement demandées.. Cette dernière Section Comprendra trois Subdivisions Superficielles, la première pour les Concessions per-pétuelles Sera de 3 ares; la Seconde pour les Concessions trentenai-res Sera de 2 ares; la troisième pour les Concessions temporaires Sera de 1 are — Les deux portions principales auront pour Sépa-ration un chemin de 2 mètres de largeur. Les trois portions Sub-divisées Seront limitées entre elles par un Sentier dont la largeur Sera de 1 mètre 50 cent. Enfin l'espace à ménager autour des ter-rains Concédés, Sera comme pour les fosses Ordinaires, de 3 à 4 décimètres Sur les Côtés et de 3 à 5 décimètres aux autres extrémités. Cet espace Sera fourni par la Commune; toutefois les Concessionnai-res qui voudront un espacement plus Considérable, pourront l'étendre Sur le terrain qui leur aura été Concédé. En cas de translation du Cimetière, les Concessionnaires auront droit au remplacement du terrain dont ils auraient obtenu primiti-vement la Concession, par un autre terrain d'une égale Super-ficie dans le nouveau Cimetière. — Aucune concession ne pourra avoir lieu qu'au moyen du versement d'un capital dont deux tiers au profit de la Commune et un tiers au profit du bureau de bienfaisance — Ce Capital Sera fixé Conformément au tarif ci-après :

	Capital à verser	Attribution du Capital	
		à la Commune 2/3	aux pauvres 1/3
1ère Classe. Concessions perpétuelles.			
1° Pour Sépulture de deux mètres carrés.........	150.oo F	100.oo F	50.oo F
2° Pour chaque mètre en Sus.........	75.oo	50.oo	25.oo

	Capital à verser.	attribution du Cap.ᵗ	
		à la Commune 2/3	aux pauvres 1/3
2ᵉ Classe.			
Concessions trentenaires.			
1ᵒ pour sépulture de 2.ᵐ Carrés............	36ᶠ	24ᶠ	12ᶠ
2ᵒ pour chaque mètre en sus............	18	12	6
3ᵉ Classe = Concessions temporaires.			
1ᵒ pour sépulture de 2.ᵐ Carrés............	18	12	6
2ᵒ pour un mètre en sus............	9	6	3

Le capital déterminé dans l'acte de concession, sera versé inté-gralement entre les mains du receveur de la Commune, et la concession ne sera définitive qu'à dater de ce versement, constaté par la quittance du receveur. Sur la représentation de cette quittance, le maire délivrera une expédition, en forme, de l'arrêté de conces-sion, laquelle expédition servira de titre au concessionnaire. La portion du capital, attribuée au bureau de bienfaisance, sera ensuite comptée, sur mandat du maire dans la Caisse de cet établissement. Les droits de timbre et d'enregistrement seront en outre à la charge du concessionnaire. = Art. 3. = Lorsque la concession à titre perpétuel portera fondation pour la famille et qu'on Construira dans le terrain concédé un caveau ou tom-beau de famille, il sera payé à la Commune à chaque inhuma-tion nouvelle une somme égale au dixième du prix principal de la concession. = Art. 4. = Les terrains concédés ne pourront jamais être mis dans le Commerce et par conséquent être cédés à des tiers ; ils ne pourront non plus être partagés entre les membres de la famille ou les héritiers des concessionnaires.

Toute stipulation de cette nature est interdite à peine de nullité de la Concession, sans indemnité ni diminution de prix. = Fait et délibéré à St Anatole, les jour, mois et an susdits

Cabassut, Baux, C. Soullié, Isolas, Adj.ᵗ
Sabz, Hadal, Bernard, Collet, Le Mestre, Michel, Fᵉᵒ Lombard, Vallane

Vu et Approuvé par le Préfet de l'Hérault le 10 novembre 1860
Le Préfet de l'Hérault. = Sébastien

Pièces administratives.

Chifre de la population et État de décès.

V — 105 —

Le maire de la Commune de St Anatole, soussigné, certifie 1° que le chifre de la population de la Commune est de 420 habitants, 2° Que le nombre des décès survenus pendant cha- -cune des cinq dernières années a été en 1856 de 12 individus, en 1857 de 8, en 1858 de 6, en 1859 de 10 et en 1860 de 7, Total 43 décès pour les cinq années. = Certifié sincère et véritable St Anatole le 15 Octobre 1860. = Le Maire [signature]

Arrêté du Préfet approuvant le tarif.

V — 106 —

Le préfet du département de l'Hérault, Vu la délibération du Conseil municipal de la Commune de St Anatole, en date du 2 novembre 1860; = Un croquis visuel du Cimetière communal; = Le décret du 23 plaviial an XII; l'ordonnance du 6 Décembre 1843; le décret du 25 Mars 1852; Considérant que le Cimetière de cette commune est assez vaste pour en réserver une partie qui sera destinée à des Concessions; Considérant que le tarif proposé pour ces Concessions est conforme aux prescriptions réglementaires; = Arrête : Est approuvé le tarif voté par le Conseil municipal de Saint Anatole dans sa délibération sus- visée pour les Concessions de terrains dans le Cimetière communal. Montpellier le 28 Décembre 1860. = Le Préfet. = Sébastien.

Arrêté de concession par le Maire.

V — 107 —

Nous, maire de la Commune de St Anatole, Vu l'ordonnance du 6 Décembre 1843 dans ses dispositions relatives aux Concessions de terrains pour fondations de Sépultures privées dans les Cime- -tières; Vu la délibération du Conseil municipal en date du 2 Novembre 1860, approuvée par Mr le préfet le 10 du même mois; Vu la demande en concession de terrains dans le Cimetière de la Commune de St Anatole, faite par Mr Cassaigne, antoine, propr. domicilié dans ladite Commune, à la date du 15 Décembre 1860; Arrêtons : Art. 1er. Il est concédé pour l'espace de quinze années à Mr Cassaigne, ci acceptant, une portion de terrain de deux mètres Superficiels, soit deux mètres de long sur un mètre de large, dans le Cimetière pour y fonder la Sépulture de Madame Rosalie Sabatier son épouse. = Art. 2e. Cette concession est faite moyennant la somme de Dix-huit francs, que Mr Cassaigne est tenu de verser immédiatement dans la Caisse municipale. Art. 4. Mr Cassaigne paiera en outre à qui de droit les

les frais de timbre et d'enregistrement du présent acte.
Art. 5ᵉ = Il sera tenu de se conformer aux autres dispositions
du règlement local, en date du 2 novembre de la présente
année, approuvé par M. le préfet le 10 du même mois ; enfin
à tous les règlements concernant la police des Cimetières. =
La présente concession ne sera valable qu'après l'approbation
de l'autorité préfectorale. = Fait à St Anatole le 2 Janvier 1861.
    Cassigne   Le Maire. *Fréd Cambrouse*
Approuvé pour le préfet de l'hérault. = Montpellier le 15 Janvier
1861. = Le Préfet de l'hérault. = Sébastien.
Reçu approuvé le vingt-cinq Janvier mil-huit-cent. Soixante-un.
    Le Maire : *Fréd Cambrouse*
Enregistré à St Anatole le 5 février 1861, Folio 5 Case 8, Reçu ——
    Le Receveur : *Caution*

*Concessions dans les Cimetières lorsqu'il n'existe point
de règlement approuvé.*

    L'an 1860 et le 2 Septembre, le Conseil municipal de la
Commune de . . . . . , etc. = M. le maire a soumis au Conseil la
demande qui lui a été adressée par le Sr . . . . . , tendant à obtenir
une concession perpétuelle de terrain dans le Cimetière.
    Le Conseil considérant que l'étendue du Cimetière permet
qu'il soit fait au dit Sr . . . . . . la concession qu'il Sollicite,
et que les offres contenues en sa demande sont Insufisantes et
même avantageuses ; = a autorisé Mr le Maire, sauf l'appro-
-bation de Mr le Préfet, à accorder audit Sr . . . . . la concession
perpétuelle de 4 mètres de terrain dans le cimetière pour y
fonder la Sépulture de sa famille, et ce, aux conditions Suivan-
-tes : 1ᵉ Le Concessionnaire versera immédiatement dans la
Caisse du receveur municipal la Somme de 350 francs dont
un tiers sera ultérieurement attribuée au bureau de bienfai-
-sance. = 2ᵉ à chaque inhumation nouvelle d'un membre
de sa famille, il paiera une somme égale au dixième du
prix principal de la concession. = 3ᵉ des monuments pour-
-ront être élevés sur les terrains concédés, mais seulement
après que les plans et détails de ces monuments ainsi que les

inscriptions et emblèmes qu'on se propose d'y graver, auront été soumis à l'approbation du maire. ∼ Lorsqu'on y construira des caveaux, la voûte ne pourra excéder le niveau du sol et l'ouverture en sera fermée par une dalle de pierre scellée solidement. ∼ 8° Les terrains ne pourront jamais être mis dans le commerce et par conséquent cédés à des tiers, ils ne pourront non plus être partagés entre les membres de la famille ou les héritiers des Concessionnaires. ∼ Toute stipulation de cette nature est interdite à peine de la nullité de la concession sans indemnité ni diminution de prix.

Fait et délibéré à St Anatole, les jour, mois et an que dessus. ∼ L. Cabassut Maire, C. Soullié Ivolas adjt Sabze Colet Bernard Pardal P. Mestre Michel Ernd Lombard ff Maire

Vu et Approuvé par le Préfet de l'Hérault. ∼ Le Préfet de l'hérault. Sébastien

Extrait Concession.	V — 109	Ce traité doit être Conforme à celui N° 107, sauf quelques légères modifications nous nous dispensons de le rédiger.

Clôture d'un Cimetière.

Rédaction un devis pour fermer un Cimetière.	V — 110 —	Le maire fait dresser un devis par l'architecte de l'arrondissement, dont la dépense s'élève à . . . . . . fr.
Rédaction cahier des Charges	V — 111 —	Le Cahier des charges usité pour l'adjudication des travaux communaux est d'une telle longueur qu'il ne nous a point paru nécessaire de le transcrire ici. Le Préfet de notre Département se fait un devoir d'en délivrer à tous les maires qui en font la demande et ils n'ont qu'à y ajouter quelques conditions particulières relatives au paiement du montant de l'entreprise.
Délibération Conseil municipal	V — 112	L'an 1861 et le . . . . le Conseil municipal de la Commune de . . . réuni &c. (Voir les N°s 18 et 19.) Le Conseil vu les devis et le cahier des charges présentés par M. le Maire

pour l'exécution des travaux de clôture du Cimetière, considé-rant que la commune possède les ressources suffisantes pour faire face à cette dépense s'élevant à . . . . déclare approuver le devis et le cahier des charges et vote la somme de . . . . . qui sera inscrite aux chapitres additionnels. = Délibéré les jour, mois et an que dessus.

État de Situation de la Caisse municipale	V 113	Envoi au préfet de toutes ces pièces (en double expédition) (Voir N° 250)
Afiche pour l'adjudication.	V 114 —	Si le préfet approuve, il renvoie le dossier au Maire q̃ ui annonce l'adjudication des travaux par un avis. Cet avis doit être publié un mois à l'avance. (Voir le N° 62)
Procès-Verbal d'adjudication des travaux.	V — 115	Même observation qu'au N° 111.
Renvoi du dossier au Maire et mise en demeure du Conseil municipal renforcé des plus imposés.	V — 116 —	Si le préfet reconnaît que la commune ne possède point les fonds nécessaires pour couvrir cette dépense *obligatoire*, au lieu d'autoriser l'adjudication, il met le Conseil municipal, renforcé des plus forts Contribuables, en demeure de *voter* une imposition extraordinaire. (par un arrêté ou une lettre d'avis)
Convocation de ce conseil et sa délibération.	V — 117	Voir les numéros 273 et 274, constater seulement dans la délibé-ration le refus de voter, attendu que les Contribuables de la Co-mmune ne peuvent supporter une si lourde charge et que la d̃ peut être ajournée.
Renvoi au Préfet	V — 118	Lettre du maire au préfet pour renvoyer le dossier et deux expédi-tions de cette délibération.
Imposition d'office.	V 119	Proposition du préfet au Ministre de l'intérieur pour obtenir un décret de l'Empereur ordonnant une imposition d'office.

Pièces administratives.

Acquisition pour l'agrandissement d'un Cimetière.

Nous étant occupé aux Nos 264 et suivants de l'établissement d'un cimetière, les pièces administratives qui ont été rédigées sont presque toutes semblables à celles que nous aurions à indiquer ici sous les numéros 120 à 135 inclus ; nous supprimons donc la production de ces dernières.

Acquisition pour l'agrandissement. — V 120 à 135

Suppression d'un Cimetière.

Suppression. — Délibération du C^l M^al sur la proposition du Préfet. — V 136

L'an ... et le ...., le Conseil municipal de la Commune de ....., réuni extraordinairement &c (Voir le N° 14) Le maire donne lecture d'une lettre de M^r le Préfet, sous la date du ...., par laquelle ce magistrat prescrit la réunion du Conseil à l'effet de lui exposer que contrairement au décret du 25 prairial an 12 et à l'ordonnance du 6 Décembre 1843, la Commune ne s'est point mise en demeure de transférer le Cimetière à une distance de 35^M au moins des habitations, que ce transfert étant devenu indispensable par suite des émanations insalubres qui rendent inhabitables les maisons avoisinant ce lieu de Sépulture, il contraindra la commune à se conformer aux règlements, autant dans l'intérêt du respect dû à la cendre des morts, que dans celui de la conservation de la santé publique, si le Conseil persiste à rester dans son inaction.

La majorité du Conseil reconnaissant la nécessité d'opérer la translation du cimetière sur un emplacement plus convenable, invite M^r le maire à remplir les formalités nécessaires, pour terminer rapidement cette affaire. Les Délibérants ont signé après lecture faite.

Arrêté pour la suppression volontaire. — V 137

Voir le N° 106 pour la forme de l'arrêté, les expressions doivent nécessairement être changées.

Pièces administratives.

Rapport d'un Commissaire en cas de refus du Conseil. — V-138

Si au contraire le conseil municipal s'oppose à la suppression on maintiendra dans la délibération l'exposé du maire que nous avons rédigé au Nº 136, on changera seulement les conclusions du Conseil. Le préfet nommera alors un commissaire pour dresser un rapport circonstancié. Inutile d'indiquer ici la forme et le contenu de ce rapport; il doit être soumis au Conseil municipal par le maire.

Délibération du Cl Mal sur ce rapport. — V-139

L'an... et le.... le Conseil municipal &c (Voir le Nº 14) Le Conseil municipal : Vu le rapport de Mr... Commissaire nommé par Mr le préfet à l'effet de constater 1ent Le cimetière de la Commune est situé à une distance de 35 mètres ou moins des habitations et 2ent, si des émanations insalubres rendent les maisons avoisinant le lieu de sépulture inhabitables, déclare ne contester nullement qu'il soit établi dans l'enceinte du village et, par suite, en dehors des limites fixées par les règlements; mais, il proteste contre la prétendue insalubrité des maisons voisines et, attendu que la Commune ne sera point en mesure de longtemps de pourvoir à la dépense de translation, il prie Mr le préfet de vouloir bien en auto-riser sa conservation. = Les délibérants ont signé après lecture faite.

Arrêté du Préfet pour la suppression d'office. — V-140

Voir le Nº 106 comme il a été dit au Nº 137.

Translation d'un Cimetière. — V-141 à 154

Translation d'un Cimetière.

Par les mêmes motifs que nous avons exprimés au Nº 120 en nous occupant des acquisitions pour agrandissement des cimetières, nous supprimerons ici la production des pièces administratives dési-gnées sous le Nº 141 à 154 inclus.

Délibération du Cl Mal portant voeu d'aliénation en principe. — V-155

Aliénation d'un Cimetière.

L'an..... et le.... le Conseil municipal de la Commune de &c (Voir le Nº 19) Mr le maire expose: Que dix années s'étant

écoulées depuis la dernière inhumation faite dans l'ancien ci-
-metière abandonné, il y aurait convenance de l'aliéner pour
le produit en être employé à l'établissement d'un puits commu-
-nal dont le besoin se fait vivement apprécier, puisque, dans la
saison d'été, les habitants de la commune sont obligés de par-
-courir une distance de 2 kilomètres pour se procurer l'eau
nécessaire à leur usage journalier. — Le Conseil considérant
qu'un délai suffisant s'est écoulé depuis la dernière inhumation,
pour avoir la plus légère crainte que des travaux, même de
construction, dans cette enceinte réservée, puissent porter
atteinte au respect dû aux cendres des morts; que le produit
de sa vente sera avantageusement employé, puisque la commune
se procurera des ressources pour satisfaire aux vœux les plus
ardents de la population; est d'avis que M. le maire sollicite
l'autorisation nécessaire pour procéder à l'aliénation de cette
propriété; Fait et délibéré à . . . . les jour, mois et an susdits

Cette délibération étant adressée au Préfet, ce magistrat,
nomme un expert pour procéder à l'estimation du terrain
Le . . . . , nous, soussigné . . . . expert nommé par arrêté de M.
le Préfet, en date du . . . . , nous sommes rendus à . . . . . , à
l'effet d'estimer la valeur d'un ancien cimetière abandonné que
la commune de . . . . a le projet de vendre. Nous avons recon-
-nu que cet immeuble est clos et d'une superficie totale de . . . .
Après avoir recueilli tous les renseignements nécessaires à notre
appréciation, nous l'avons évalué à la somme de . . . l'are,
soit en totalité à . . . . . — En foi de quoi nous avons dressé
le présent procès-verbal pour servir et valoir ce que de droit.
A . . . . . les jour, mois et an susdits.

Inutile de dresser ce plan qui doit varier suivant
les localités.

(Voir le N° 43 et se conformer au procès-verbal d'estimation.

Nous rédigeons cette formule pour le cas où la vente

Pièces administratives.

devrait avoir lieu de gré à gré.

Je soussigné..... propriétaire domicilié à..... déclare adhé-rer à l'estimation faite par Mr expert nommé par Mr le Préfet, laquelle porte à la somme de..... le prix de vente de l'ancien cimetière abandonné de la Commune de..... tel qu'il est et se compose. Je m'engage à en devenir acquéreur au prix ci-dessus stipulé et à passer un acte notarié à mes frais aussitôt que Mr le maire aura été autorisé à ce faire. À... le... 1861

Délibération du Conseil municipal votant l'aliénation aux enchères publiques	V / 160	L'an 1861.... le....., le Conseil municipal de la Commune de....., réuni &c (Voir le N° 19.) Le conseil, vu sa délibération en date du..... concernant l'aliénation de l'ancien Cime-tière ; Vu le procès-verbal d'expertise et le plan dressés le... par M..... désigné à cet effet par le préfet, suivant arrêté du..... et desquels il résulte que l'immeuble à aliéner est d'une Contenance de.... et d'une valeur de....; Vu l'état de la Situation financière de la Commune et le relevé de ses dettes ; Considérant que l'immeuble dont il s'agit n'est pas utile à la Commune et que le produit de sa vente est nécessaire pour être employé à l'établissement d'un puits Communal ; délibère : Il y a lieu d'autoriser la Commune à aliéner aux enchères publiques l'ancien Cimetière sur la mise à prix de.— , chiffre égal à celui de l'estimation pour en affecter le produit à la Construction d'un puits Communal — Fait et délibéré à... les jour, mois et an susdits.
Nomination d'une commission pour une enquête de Commodo et incommodo.	V / 160 bis	Mr le préfet, ayant approuvé le projet, ordonne une enquête de Commodo et incommodo et nomme à cet effet un commissaire.
Affiche de cette enquête.	V / 161	Voir le N° 23.
Procès-Verbal de cette enquête avec oppositions	V / 162	Voir le N° 24 et pour les oppositions le N° 60.
Délibération du Cel Mpal sur ces oppositions	V / 163	Voir le N° 88.
Autorisation du préfet pour procéder à l'adjudication.	V / 164	Le préfet après avoir approuvé l'aliénation, autorise le maire à procéder à une adjudication.

Affiche pour adjudication.	V / 165	**Pièces administratives** Voir le n° 62.
Procès-verbal d'adju- -dication.	V / 166	Voir le n° 48.
Acte notarié.	V / 166 bis	Cet acte est passé lorsque le préfet et le conseil municipal auto- -risent la vente de gré à gré.
Pièces à produire pour les échanges.	V / 167	**Échanges** Les pièces administratives pour les échanges sont les mêmes que pour les aliénations, on remplacera l'engagement pris par l'acquéreur par la promesse consentie par l'échangiste, et on ajoutera la pièce ci-après
Certificat du Conservateur des hypothèques.	V / 167 bis	Ce certificat doit être produit à raison de l'immeuble cédé à la Commune.
Délibération du C^l M^al sur le taux de la rétribution scolaire et les dépenses de l'instruction primaire en 1862.	Y / 168	**Instruction primaire.**

Instruction primaire.

L'an 1861, le 3 février, le Conseil municipal &c. (Voir le n° 19) M. le Président a donné connaissance des dispositions de la loi du 15 Mars 1850 et des décrets des 2 Octobre suivant et 31 Décembre 1853, relatives aux dépenses de l'enseignement primaire, et a invité le Conseil municipal à délibérer sur ces dépenses et sur les moyens d'y pourvoir pendant l'année 1862. Le Conseil municipal, après en avoir mûrement délibéré, a pris successivement les délibérations suivantes :

Il a fixé le taux de la rétribution scolaire pour l'année 1862 à 1f 50c. Il a arrêté le traitement fixe de l'instituteur pour ladite année à la somme de 200 fr. ci 200f 00

Il a examiné ensuite si, conformément à l'art. 38 de la loi du 15 Mars et à l'article 4 du décret du 31 Xbre 1853, il y a lieu d'allouer à l'instituteur un supplé-

A Reporter . . 200f 00

Pièces administratives.

Report. . . . . 200ᶠ ᶜ / 200.00

. . . ment de traitement afin d'élever son revenu au minimum de 600ᶠ ., à cet effet il s'est fait représenter les rôles de la rétribu-tion scolaire de 1860, lesquels s'élèvent, déduction faite des non-valeurs, à la somme de 360ᶠ. Cette somme prise pour base de la rétribution scolaire de 1862 et ajoutée au montant du traitement fixe arrêté ci-dessus, donnant la somme de 560 fr., le Conseil Mᵃˡ a alloué un supplément de traitement pour l'année 1862, ci . . . 40.00

frais de location d'une maison d'école 100.00

frais d'impressions 2.00

Total des dépenses 342.00

Avisant ensuite au moyen d'acquitter cette dépense, le Cᵉˡ Mᵃˡ a décidé qu'il serait prélevé pour cet objet, sur les ressources ordinaires de la Commune, la somme de . . . " "

laquelle somme ajoutée au montant de l'imposⁿ spéciale de 3 centimes addi-tionnels au principal des 4 Contributions directes, ci 156.58

Forme la somme de 156.58

En conséquence le Département et l'État auront à fournir pour compléter les dépenses ordinaires et obligatoires de l'instruction primaire, une subvention de 185.42

Total égal 342.00

Fait et délibéré à St Anatole les jour, mois & an susdits.

[signatures : Fadat, Sulze, L. Cabaisut, Raux, C. Soullié, Michel, Fᵈ Lombez, Collet, Bernard, J. Mestre, Isolas adjᵗ]

Nº d'ordre	Noms et prénoms des enfants	Noms, prénoms et demeure des parents.	Profession des parents.	Montant de Contribⁿˢ payés par les parents.	Motifs de l'admission gratuite	Observⁿˢ
1	Salager Augᵗᵉ	Salager Gˡᵐᵉ domᵗ à Sᵗ Anatole	Cultⁱʳ	" "	Son indigence et 4 enfants en bas âge.	
2	Cruveiller Pˣ	Cruveiller Antᵗ –id–	id	1.80	Le père est décédé, aucuns moyens d'existence	
3	Lacan Ant.	Lacan Hyppol. –id–	id	2.70	6 enfants en bas âge, n'ayant d'autres ressources que son travail de journalié	
4	Baille Louis	Baille Etⁿᵉ –id–	id	15.10	Le père possède 2 pièces de terre, mais il a 8 enfants et il est infirme.	

La présente liste, dressée par nous soussigné, maire de Sᵗ Anatole, de concert avec M. le desservant, conformᵗ à l'art. 45 de la loi du 15 mars 1850, a été arrêtée au nombre de 4 inscriptions fixées par M. le préfet. = Sᵗ Anatole le 15 7ᵇʳᵉ 1860. = Le desservant à Cabrol. = Le maire :

Le Conseil municipal de la Commune de Sᵗ Anatole = Vu la liste d'autre part dressée par M. le maire et M. le desservant ; = approuve l'admission gratuite, pendant l'an-née 1861 dans l'école Communale dirigée par M. Bouvié, des enfants inscrits sur ladite liste sous les Nᵒˢ d'ordre 1, 2, 3 et 4. = Fait en séance à la mairie de Sᵗ Anatole le 20 7ᵇʳᵉ 1860.

[signatures : Fadat, L. Cabaisut, C. Soullié, Collet, Salze, Bernard, Raux, Michel, Isolas adjᵗ, Fᵈ Lombez]

Nous, Préfet de l'Hérault, = Vu la liste d'autre part et la délibération ci-dessus du Conseil municipal de la Commune de Sᵗ Anatole, = Arrêtons : Les enfants, inscrits sur ladite liste sous les numéros 1, 2, 3 et 4, seront admis gratuitement pendant l'année 1861, dans l'école Communale de Sᵗ Anatole dirigée par M. Bouvié = Montpellier le 1ᵉʳ 8ᵇʳᵉ 1860 = Pour le préfet et par délégation. = Le Secrétaire Général : Champel.

Conformément à l'arrêté de M. le Préfet de l'Hérault en date du 1ᵉʳ 8ᵇʳᵉ 1860, le Sⁱ Salager auguste sera admis gratuitement à l'école Communᵃˡᵉ pendant l'année 1861 = Sᵗ Anatole le 26 Xᵇʳᵉ 1860

Le maire

[signature : Fᵈ Lombez]

Pièces administratives:

Instruction primaire

Commune de Saint Anatole

Année 1861.

École primaire publique

dirigée par Mᵉ Bourrié Léon.

Registre Matricule

de tous les enfants reçus à l'école, depuis
le 1ᵉʳ Janvier jusqu'au 31 Décembre
1861.

Département
de l'Hérault

Y
171

Arrondissement
de Montpellier

Nota. — Ce registre est coté et paraphé par le Maire. Il sert à l'établissement des rôles trimestriels. L'Instituteur y inscrit les noms et prénoms des enfants qui doivent fréquenter son école au fur et à mesure qu'ils se présentent, la date du jour de leur entrée, la date de leur naissance et la catégorie à laquelle ils appartiennent. Il porte en même temps, dans la colonne Nº 2, les noms et prénoms des parents. — Le taux mensuel de la rétribution scolaire est porté, le jour même de l'admission des enfants, dans les Colonnes Nº 9, 10, 11, 13, 14, 15, 17, 18, 19, 21, 22 et 23. — Chaque fois qu'un enfant sort de l'école dans le courant de l'année, l'instituteur inscrit en regard de son nom le mot sorti, dans la colonne du mois pour lequel il ne doit plus la rétribution, et la date exacte du jour de son départ est indiquée, par renvoi, dans la colonne d'observations. Lorsqu'il rentre, le montant de la rétribution est inscrit dans la colonne du mois de son retour, et la date de ce retour est également notée, par renvoi, dans la colonne d'observations. — Lorsqu'un enfant payant est abonné, l'instituteur écrit le mot abonné sur les trois colonnes du trimestre, et porte au total trimestriel la somme représentant le quart de l'abonnement annuel. — Les mois de présence des enfants gratuits sont indiqués par la lettre P. Leurs sorties et leurs rentrées sont signalées comme pour les enfants payants. — Pour les enfants étrangers à la commune, l'instituteur procède comme il est dit ci-dessus; il indique de plus dans la colonne d'observations, le nom de leur commune. — Une copie de ce registre est adressée, le 24 Décembre de chaque année, à M. l'Inspecteur d'académie, par l'intermédiaire de Mᵉ l'Inspecteur primaire de l'arrondissement.

N°s d'Ordre	Noms et Prénoms des parents	(1) Articles des rôles	Noms et Prénoms des enfants	Date de la Naissance	Date de l'entrée à l'école	Date du billet d'admission aux élèves gratuits	Indication de la catégorie à laquelle ils appartiennent	Rétribution par mois			Total de la rétribution pour le trimestre
								Janvier	Février	Mars	
1	2	3	4	5	6	7	8	9	10	11	12
1	Bourrié Léon	"	Bourrié Léon	23 7bre 1858	1er Janvier		une seule				
2	Bros Étienne	3	Bros Philippe	28 Dbre 1847	d°			1.50	1.50	1.50	4.50
3	Pépin Fulcrand	11	Pépin Cyprien	2 7bre 1848	d°			1.50	1.50	1.50	4.50
4	Thérond Paul	15	Thérond Prosper	28 Février 1848	d°			1.50	1.50	1.50	4.50
5	Perre Thomas	14	Perre Thomas	24 Juillet 1848	d°			1.50	1.50	1.50	4.50
6	Cassaigne Fulcrand	5	Cassaigne Théophile	28 9bre 1853	d°			1.50	1.50	1.50	4.50
7	Perrier Louis	12	Perrier Jules	19 Juillet 1853	d°			1.50	1.50	1.50	4.50
8	idem		Perrier Albert	29 Dbre 1849	d°			1.50	1.50	1.50	4.50
9	idem		Perrier Louis	30 Mars 1853	d°			1.50	1.50	1.50	4.50
10	Lamouroux Auguste	10	Lamouroux Jean	18 Juin 1848	d°			1.50	1.50	1.50	4.50
11	idem		Lamouroux Frédéric	27 7bre 1850	d°			1.50	1.50	1.50	4.50
12	idem		Lamouroux Auguste	15 Juin 1853	d°			1.50	1.50	1.50	4.50
13	Bruguière Frédéric	4	Bruguière Pierre	1er Mars 1850	d°			1.50	1.50	1.50	4.50
14	idem		Bruguière Jules	1er Janvier 1853	d°			1.50	1.50	1.50	4.50
15	Bonys Joseph	2	Bonys Léon	18 Février 1849	d°			1.50	1.50	1.50	4.50
16	idem		Bonys Cyprien	10 Juillet 1851	d°			1.50	1.50	1.50	4.50
17	idem		Bonys Jean	21 Juillet 1853	d°			1.50	1.50	1.50	4.50
18	idem		Bonys Jules	15 Juin 1854	d°			1.50	1.50	1.50	4.50
19	idem		Bonys Jacques	19 9bre 1856	d°			1.50	1.50	1.50	4.50
20	Dumas Jean	8	Dumas Jean	21 Avril 1850	d°			1.50	1.50	1.50	4.50
21	Lacan Hippolyte		Lacan Félix	13 7bre 1852	d°	25 Xbre 1860		P	P	P	
22	Baille Louis		Baille Ernest	9 Mars 1850	d°	idem		P	P	P	
23	Salager Pierre		Salager Émile	14 Dbre 1850	d°	idem		P	P	P	
24	Arnaud Bastien	1	Arnaud Thomas	13 Juin 1850	d°			1.50	1.50	1.50	4.50
25	Cassagne Guillaume	6	Cassagne Jules	17 Mai 1849	d°			1.50	1.50	1.50	4.50
26	Cassagne Antoine	7	Cassagne Léon	21 Février 1851	d°			1.50	1.50	1.50	4.50
27	Perre André	13	Perre Philippe	19 8bre 1854	d°			1.50	1.50	1.50	4.50
28	Jean Pascal	9	Jean Jacques	25 Janvier 1854	d°			1.50	1.50	1.50	4.50

Somme à reporter ..... 36, — 36, — 36, — 108, —

Rétribution par mois — Avril (13)	Mai (14)	Juin (15)	Total de la rétrib.on pour le trimestre (16)	Rétribution par mois — Juillet (17)	Août (18)	7bre (19)	Total de la rétrib. pour le trimestre (20)	Rétribution par mois — 8bre (21)	9bre (22)	Xbre (23)	Total de la rétrib. pour le trimestre (24)	Nombre de mois pendant lesquels chaque enfant a fréquenté l'école (25)	Total général de la rétrib. pour l'année (26)	Observations
"	"	"	"	"	"	"	"	"	"	"	"	12	"	fils d'instituteur en exercice dans la Commune
1.50	Sorti	"	1.50	1.50	1.50	1.50	4.50	1.50	1.50	1.50	4.50	10	15 f	Sorti le 25 avril. — (1) rentré le 14 Juillet
1.50	1.50	1.50	4.50	Sorti	"	"	"	"	"	"	"	6	9,"	Sorti le 30 Juin
Sorti	"	"	"	"	"	"	"	(1) 1.50	1.50	1.50	4.50	6	9,"	Sorti le 25 Mars. — (1) rentré le 1er Octobre
1.50	1.50	1.50	4.50	1.50	1.50	1.50	4.50	Sorti	"	"	"	9	13.50	Sorti le 15 Septembre
1.50	1.50	1.50	4.50	1.50	1.50	1.50	4.50	1.50	1.50	1.50	4.50	12	18,"	
Sorti	"	"	"	1.50	1.50	1.50	4.50	1.50	Sorti	"	1.50	7	10.50	Sorti le 30 Mars; — (1) rentré le 1er Juillet … Sorti le 15 Octobre
Sorti	"	"	"	"	"	"	"	1.50	1.50	1.50	4.50	6	9,"	Sorti le 30 Mars (1) rentré le 1er octobre.
1.50	1.50	1.50	4.50	Sorti	"	"	"	"	"	"	"	6	9,"	Sorti le 15 Juin
1.50	1.50	1.50	4.50	1.50	1.50	1.50	4.50	1.50	1.50	1.50	4.50	12	18,"	
1.50	1.50	1.50	4.50	1.50	1.50	1.50	4.50	1.50	1.50	1.50	4.50	12	18."	
1.50	1.50	1.50	4.50	1.50	1.50	1.50	4.50	1.50	1.50	1.50	4.50	12	18."	
1.50	1.50	1.50	4.50	Sorti	"	"	"	(1) 1.50	1.50	1.50	4.50	9	13.50	Sorti le 15 Juin. — (1) rentré le 1er octobre.
1.50	1.50	1.50	4.50	1.50	1.50	1.50	4.50	1.50	1.50	1.50	4.50	12	18,"	
1.50	1.50	1.50	4.50	Sorti	"	"	"	(1) 1.50	1.50	1.50	4.50	9	13.50	Sorti le 15 Juin. — (1) rentré le 1er octobre
1.50	1.50	1.50	4.50	1.50	1.50	1.50	4.50	1.50	1.50	1.50	4.50	12	18,"	
Sorti	"	"	"	1.50	1.50	1.50	4.50	1.50	1.50	1.50	4.50	9	13.50	Sorti le 30 Mars (1) rentré le 1er Juillet.
1.50	1.50	1.50	4.50	Sorti	"	"	"	(1) 1.50	1.50	1.50	4.50	9	13.50	Sorti le 25 Juin. — (1) rentré le 1er octobre
1.50	1.50	1.50	4.50	Sorti	"	"	"	(1) 1.50	1.50	1.50	4.50	9	13.50	Sorti le 17 Juin. (1) rentré le 1er octobre
1.50	1.50	1.50	4.50	Sorti	"	"	"	(1) 1.50	1.50	1.50	4.50	9	13.50	Sorti le 30 Juin (1) rentré le 1er octobre
P	P	P		Sorti	(1) P	Sorti	.	(1) P	P	P		10	"	Sorti le 15 Juin; — (1) rentré le 1er Août; — Sorti le 30 Août (1) rentré le 1er 8bre.
P	P	P		P	P	Sorti		(1) P	P	P		11	"	Sorti le 25 Août (1) rentré le 1er octobre.
P	P	P		P	P	P		P	P	P		12	"	;
Sorti	.	.	.	(1) 1.50	1.50	1.50	4.50	1.50	1.50	1.50	4.50	9	13.50	Sorti le 25 Mars (1) rentré le 1er Juillet
1.50	Sorti	"	1.50	"	"	"	"	(1) 1.50	1.50	1.50	4.50	7	10.50	Sorti le 30 Avril. — (1) rentré le 1er 8bre
1.50	1.50	1.50	4.50	Sorti	"	"	"	(1) 1.50	1.50	1.50	4.50	9	13.50	Sorti le 30 Juin. — (1) rentré le 1er 8bre
Sorti	"	"	"	1.50	1.50	1.50	4.50	1.50	1.50	1.50	4.50	9	13.50	Sorti le 30 Mars. — (1) rentré le 1er Juillet
Sorti	"	"	"	"	"	"	"	(1) 1.50	1.50	1.50	4.50	6	9,"	Sorti le 15 Mars. (1) rentré le 1er 8bre
25.50	22.50	22.50	70.50	18,"	18,"	18,"	54."	37,50	30..	30,..	97.50	261	324,.	

N°s d'ordre 1	Noms et Prénoms des parents 2	3	Noms et Prénoms des enfants 4	Date de la naissance 5	Date de l'entrée à l'école 6	Date du billet d'admission des élèves gratuits 7	Indication de la catégorie à laquelle ils appartient 8	Rétribution par mois Janvier 9	Février 10	Mars 11	Total de la rétribution pour le trimestre 12
			Report d'autre part…					36, „	36, „	36, „	108, „
29	Mascla Antoine	1	Mascla Eugène	1er Janvier 1852	1er Janvier		une seule	1.50	1.50	1.50	4.50
30	Scard Jean	2	Scard Prosper	18 d° 1857	d°		„	1.50	1.50	1.50	4.50
31	idem		Scard Caliste	25 d° 1859	d°		„	1.50	1.50	Sorti	3. „
32	Chardon Paul	3	Chardon Jules	19 Juillet 1848	1er Juillet		„	„	„	„	„
								40.50	40.50	39. „	120, „

Tableau récapitulatif, présentant : 1° Le nombre de mois pendant lesquels chaque élève

Durée de la fréquentation des élèves _ _ _ _ _ _ _ _ _ _

	1 mois	2 mois	3 mois	4 mois	5 mois	6 mois	7 mois	8 mois
Élèves payants	„	„	„	„	1	7	3	„
Élèves gratuits	„	„	„	„	„	„	„	„
Le fils de l'instituteur	„	„	„	„	„	„	„	„
Totaux	„	„	„	„	1	7	3	„

Nom de l'Instituteur :
Bournié Léon

Date de la nomination dans la Commune
7 Mai 1856

Désignation du titre :
Instituteur définitif.

Loyer de la maison d'école : 100 f.
Indemnité de logement . : „

Commune de Saint Anatole — population 420 hab.

Récapitulation générale et
formation du traitement de l'Instituteur pour les Recettes et les Dépenses

Nombre des enfants en âge de fréquenter l'école
- Enfants de 3 à 7 ans _ _ _ _ _ _ _ _ 18
- de 7 à 13 ans _ _ _ _ _ _ _ _ 24
- âgés de plus de 13 ans _ _ _ _ _ _ _ _

Total _ _ _ _ _ _ _ _ 42.

Enfants qui ont fréquenté l'école
- Payants _ _ _ _ _ _ _ _ 28
- Gratuits   le fils de l'Instituteur _ _ _ _ 1

Enfants qui n'ont pas fréquenté l'école
- de 3 à 7 ans _ _ _ _ _ _ _ _ 5
- de 7 à 13 ans _ _ _ _ _ _ _ _ 5

Total général _ _ _ _ _ _ _ _ 42

Rétribution par mois			Total de la rétrib. pour le trimestre	Rétribution par mois			Total de la rétrib. pour le trimestre	Rétribution par mois			Total de la rétrib. pour le trimestre	Nombre de mois pendant lesquels chaque enfant a fréquenté l'école	Total général de la rétrib. pour l'année	Observations
Avril	Mai	1er Trimestre		Juillet	Août	7bre		8bre	9bre	Xbre				
13	14	15	16	17	18	19	20	21	22	23	24	25	26	27
25.50	22.50	22.50	70.50	18"	18.	18,"	54"	31.50	30,..	30,..	91.50	261	324,..	
+ Sorti	"	"	"	.	1.50	+ Sorti	1.50	(1) 1.50	1.50	1.50	4.50	7	10.50	appartient à Fontanès — ½ Sorti le 30 Mars — (1) rentré le 1er aout — ½ Sorti le 16 aout — (1) rentré le 17 octobre.
+ Sorti	"	"	"	"	"	"	"	(1) 1.50	1.50	1.50	4.50	6	9. "	appartient à Fontanès — ½ Sorti le 30 Mars — (1) rentré le 1er octobre.
"	"	"	"	"	"	"	"	(1) 1.50	1.50	1.50	4.50	6	9, "	appartient à Fontanès — ½ Sorti le 15 Février — (1) rentré le 1er septembre
"	"	"	"	1.50	1.50	+ Sorti	3. "	(1) 1.50	1.50	1.50	4.50	5	7.50	appartient à Fontanès — ½ Sorti le 25 Aout — (1) rentré le 1er 8bre
25.50	22.50	22.50	70.50	18.50	21..	19.50	60.00	37.50	36,..	36,..	109.50	285	360,..	

a fréquenté l'école dans l'année ; 2° le total des inscriptions du registre matricule.

9 mois	10 mois	11 mois	12 mois	Total des élèves payants	Nombre des élèves gratuits ayant fréquenté l'école	Total général égal au nombre des inscriptions du registre
10	1	"	6	28	"	28
"	1	1	1	"	3	3
"	"	1	1	"	1	1
10	2	1	8	28	4	32

(1) Ces articles ne seront inscrits au registre matricule qu'après la formation des rôles. Les mêmes parents conserveront toujours les mêmes articles.

Détails relatifs au traitement de l'Instituteur.

1° Traitement fixe	Fondations . . . . "	
	Prélèvement sur les revenus ordinaires . . . . " . .	
	Prélèvement sur les 3 centimes spéciaux 156.58	200,"
	Subvention du Département ou de l'État pour complément à 200f . . 43.42	
2° Rétribution scolaire	Élèves de la Commune . . . . 324,"	
	Élèves étrangers à la commune . . . . 36,"	360,"
3° Supplément pour compléter le traitement de l'Instituteur.	Fonds Communaux { reste des fondations . . . . ", "	
	" des revenus ordinaires . . . . ", "	", "
	" des 3 centimes . . . . . ", "	
	Subvention du Département ou de l'État . . . . 40, "	

Total égal . . . . 600, "

L'Instituteur a reçu sur ce traitement en vertu des mandats délivrés dans le cours de l'année 1861 . . . . 450 "

Il est dû pour solde . . . . 150, "

Total égal . . . . 600 "

Certifié sincère et véritable par l'Instituteur soussigné, qui déclare, 1° que tous les enfants payants de la Commune et les élèves étrangers à la Commune qui ont fréquenté l'école sont exactement inscrits sur le registre pour le temps qu'ils ont passé en classe et la rétribution qu'ils ont donnée ; 2° que les inscriptions des enfants gratuits sont entièrement conformes à la liste arrêtée par M. le Préfet = à St Anatole le 24 Décembre 1861 = Bounié = Vérifié et Certifié exact, par Nous Maire de la Commune. = A St Anatole le 24 Décembre 1861 = Fred Combes = Vérifié et certifié exact par l'Imprimeur-Imprimaire de l'arrondissement = à Montpellier le 30 Xbre 1861 = Silvestre

Pièces administratives.

Rôle de la rétribution scolaire

Due par les parents ou tuteurs des élèves présents pendant le 1ᵉʳ trimestre de l'année 1861 à l'école primaire communale dirigée par Mᵉ Bourrié Léon, instituteur dans la Commune de Sᵗᵉ Anatole & qui n'ont pas été désignés comme ne pouvant payer une rétribution. (Art. 41 de la loi du 15 Mars 1850 ; art. 22 du décret du 7 octobre 1850 ; art. 14 du décret du 31 Décembre 1853.) = Bases de la rétribution scolaire ; taux minime fixé à 1ᶠ 50 par mois.

Y 172

N° d'inscription au rôle	Noms et demeure des parents des élèves	N° du registre matricule	Noms des élèves et rétribution due par chacun d'eux avec indication des N° du registre matricule	Total par trimestre des sommes dues par les parents des élèves				Totaux en fin d'année	Payements			Observations
				1ᵉʳ trimestre	2ᵉ trimestre	3ᵉ trimestre	4ᵉ trimestre		Dates	1ᵉ/2ᵉ quittance	Sommes	
1	Arnaud Bastien propᵗᵉ à Sᵗᵉ Anatole	24	Arnaud Thomas	4.50	4.50	"	4.50	4.50	13.50				
2	Bouys Joseph propᵗᵉ à St-Anatole	15	Bouys Léon 4.50, Cyprien 4.50, Jean 4.50, Jules 4.50, Jacques 4.50	22.50	18..	9..	22.50	72.00				
3	Bros Étienne cantonnier au Rouy, commune de St Anatole	2	Bros Philippe	4.50	4.50	4.50	4.50	4.50	18.00				
4	Bruguière Frédéric propᵗᵉ à St Anatole	13	Bruguière Isidore 4.50, Jules 4.50	9.00	9.00	4.50	9.00	31.50				
5	Cassaigne P. propᵗᵉ à Sᵗᵉ Anatole	6	Cassaigne Théophile	4.50	4.50	4.50	4.50	4.50	18.00				
6	Cassaigne Guillaume propriétaire à Sᵗᵉ Anatole	25	Cassaigne Jules	4.50	4.50	1.50	".."	4.50	10.50				
7	Cassaigne Antoine propᵗᵉ à Sᵗᵉ Anatole	26	Cassaigne Léon	4.50	4.50	4.50	".."	4.50	13.50				
8	Dumas Jean épicier à Sᵗᵉ Anatole	20	Dumas Jean	4.50	4.50	4.50	"	4.50	13.50				
9	Jean Pascal propᵗᵉ à St Anatole	28	Jean Jacques	4.50	4.50	"	"	4.50	9..				
10	Lamouroux Auguste fermier à Sᵗᵉ Anatole	10	Lamouroux Jean 4.50, Frédéric 4.50, Auguste 4.50	13.50	13.50	13.50	13.50	54..				
11	Pépin Fulcrand propᵗᵉ à Sᵗᵉ Anatole	3	Pépin Cyprien	4.50	4.50	4.50	"	"	9..				
12	Perrier Louis propᵗᵉ à St Anatole	7	Perrier Jules 4.50, Callien 4.50, Jean 4.50	13.50	4.50	4.50	6..	28.50				
			à reporter	94.50	66.00	45.00	82.50	288.00				

N°d'inscription au rôle	Noms et demeure des parents des élèves.	Noms des élèves et rétribution due par chacun d'eux avec indication des N°s du registre matricule		Total par trimestre des sommes dues par les parents des élèves				Totaux en fin d'année	Payements			Observations
				1er trimestre	2e trimestre	3e trimestre	4e trimestre		Dates	N° du quittancier	Sommes	
		Report		94,50	66,00	45,00	82,50	288,00				
13	Serre, André, propriétaire à St Anatole	27 Serre Philippe	4.50	4.50	n	4.50	4.50	13.50				
14	Serre Thomas, propr.re à St Anatole	5 Serre Thomas	4.50	4.50	4.50	4.50	",..	13.50				
15	Théron Paul, fermier à St Anatole	4 Théron Prosper	4.50	4.50	",..	",..	4.50	9,..				
		Totaux du Rôle	"	108.00	70.50	54,00	91,50	324,..				

Certifié véritable par le Soussigné, instituteur de la Commune de St Anatole qui affirme, en outre, que tous les élèves assujettis à la rétribution Scolaire, présents à son école pendant le premier trimestre de l'année 1861, sont compris dans le présent rôle, et que les avertissements aux redevables ont été dressés immédiatement par lui, pour être mis en recouvrement par les soins du Receveur municipal = A Saint Anatole le 4 Mars 1861 = Bourrié.

Vu et vérifié par Nous, Maire de la Commune de Saint Anatole qui attestons que tous les élèves assujettis à la rétribution Scolaire, présents à l'école dirigée par Mr Bourrié pendant le 1er trimestre de l'année 1861, sont compris dans ce Rôle, et que la cotisation y est établie d'après le taux fixé par le Conseil Départemental. = À St Anatole 5 Mars 1861 =

L'Inspecteur de l'enseignement primaire de l'arrondissement de Montpellier est d'avis que le présent rôle est exact et qu'il soit rendu exécutoire. = Montpellier le 8 Mars 1861 = Maurel = Nous, Préfet de l'Hérault, = Vu le rôle dressé par Mr Bourrié instituteur de la Commune de St Anatole des rétributions dues pour le 1er trimestre de l'année 1861, par les parents des élèves présents à son école, et qui n'ont pas été désignés comme ne pouvant payer aucune rétribution; le dit rôle vu et vérifié par le Maire, et avons arrêté le montant à la Somme de Cent-huit francs pour le recouvrement du dit rôle être fait par le Receveur municipal conformément aux réglements. = Enjoignons à tous les redevables dénommés au dit rôle, leurs représentants ou ayants cause, d'acquitter les sommes qui y sont inscrites, à peine d'y être contraints par les voies de droit = Fait à Montpellier le 15 Mars 1861 = Le Préfet = Sébastien
Transmise présent rôle à Mr le Receveur municipal Le 25 Mars 1861 = Le Receveur Gal des finances = Dupuy

= Publié le présent rôle dans la Commune Le 4 avril 1861 = Le Maire =

N° des articles du rôle	Noms et demeure des parents des élèves	N° des articles du rôle	Noms des élèves, et rétribution due par chacun d'eux avec indication des N°ˢ du registre matricule	Total des sommes	N° des articles du rôle	Noms et demeure des parents des élèves	N° des articles du rôle	Noms des élèves, et rétribution due par chacun d'eux avec indication des N°ˢ du registre matricule	Total des sommes
								Report ……	43.50
1	Armand Bastien, propre à Sᵗ Anatole	24	Armand Thomas	" " " "	9	Jean Pascal, propre à Sᵗ Anatole.	28		"
2	Bourg Joseph, propre à Sᵗ Anatole	15	Bourg Léon 4.50 / Bourg Cyprien 4.50 / Bourg Jules 4.50 / Bourg Jacques 4.50	18.00	10	Lamouroux Auguste, fermier à Sᵗ Anatole	10	Lamouroux Jean 4.50 / Lamouroux Frédéric 4.50 / Lamouroux Auguste 4.50	13.50
3	Bros Etienne, cantonnier au Roy commune de Sᵗ Anatole	2	Bros Philippe	1.50	11	Pépin Fulcrand, propre à Sᵗ Anatole	3	Pépin Cyprien	4.50
4	Bruguière Frédéric, propre à Sᵗ Anatole	13	Bruguière Isidore 4.50 / Bruguière Jules 4.50	9.00	12	Perrier Louis, propre à Sᵗ Anatole.	7	Perrier Louis	4.50
5	Cassaigne Fulcrand propre à Sᵗ Anatole	6	Cassaigne Théophile 4.50	4.50	13	Perre André propre à Sᵗ Anatole	27		"
6	Cassaigne Guillaume propre à Sᵗ Anatole	25	Cassaigne Jules	1.50	14	Serre Thomas, propre à Sᵗ Anatole	5	Serre Thomas 4.50	4.50
7	Cassaigne Antoine propre à Sᵗ Anatole	26	Cassaigne Léon	4.50	15	Thérond Paul fermier à Sᵗ Anatole	4		"
8	Dumas Jean, propre à Sᵗ Anatole	20	Dumas Jean	4.50				Total du Rôle ……	70.50
			à Reporter ……	43.50					

Certifié véritable par le Mᵉ … (inutile de relater le final de ce rôle, il est entièrement conforme à celui du 1ᵉʳ trimestre, sauf l'énonciation des dates et de la Somme à recouvrer) Publié le présent rôle dans la Commune de Sᵗ Anatole, le 4 Juillet 1861 = Le Maire =

Rôle pour le 3ᵉ Trimestre de l'année 1861.

Nᵒˢ des articles du rôle	Noms et demeure des parents des élèves		Noms des élèves et rétribution due par chaque élève, avec indication des Nᵒˢ du registre matricule	Total des sommes dues par les parents des élèves pour le 3ᵉ Trimestre	Nᵒˢ des articles du rôle	Noms et demeure des parents des élèves		Noms des élèves et rétribution due par chaque élève avec indication des Nᵒˢ du registre matricule	Total des sommes dues par les parents des élèves pour le 3ᵉ Trimestre
								Report	58	45,00
1	Armand Bastien propʳᵉ à Stᵉ Anatole	24	Armand Thomas	4.50	4.50	9	Jean Pascal, propʳᵉ à Stᵉ Anatole			"	"
2	Bouyssʳ Joseph propʳᵉ à Stᵉ Anatole	6 / 7	Bouyssʳ Cyprien / Bouyssʳ Jean	4.50 / 4.50	{ 9, "	10	Lamouroux Auguste fermier à Stᵉ Anatole	10 / 11 / 12	Lamouroux Jean / Lamouroux Frédéric / Lamouroux Auguste	4.50 / 4.50 / 4.50	} 13.50
3	Bros Étienne, cantonnier au Rey Commᵉ de Stᵉ Anatole	2	Bros Philippe	4.50	4.50	11	Pepin Fulcrand, propʳᵉ à Stᵉ Anatole			"	"
4	Bruguière Frédéric propʳᵉ à Stᵉ Anatole	14	Bruguière Jules	4.50	4.50	12	Perrier Louis propʳᵉ à Stᵉ Anatole	7	Perrier Jules	4.50	4.50
5	Cassaigne Fulcrand propʳᵉ à Stᵉ Anatole	6	Cassaigne Théophile	4.50	4.50	13	Serre André propʳᵉ à Stᵉ Anatole	27	Serre Philippe	4.50	4.50
6	Cassaigne Guillaume propʳᵉ à Stᵉ Anatole			"	"	14	Serre Thomas propʳᵉ à Stᵉ Anatole	5	Serre Thomas	4.50	4.50
7	Cassaigne Antoine propʳᵉ à Stᵉ Anatole			"	"	15	Thérond Paul fermier à Stᵉ Anatole			"	"
8	Dumas Jean propʳᵉ à Stᵉ Anatole			"	"				Total du Rôle...		54.."
			à Reporter		45."						

Certifié véritable par le ...Mⁱʳᵉ...

Il est inutile de relater le final de ce rôle s'il est entièrement conforme à celui du 1ᵉʳ trimestre, sauf l'énonciation des dates et de la somme à recouvrer. Publié le présent rôle dans la commune à 5 octobre 1861 = Le Maire =

Rôle pour le 4.e trimestre de l'année 1861.

N.° des articles du rôle	Noms et demeure des parents des élèves	N.° du registre matricule	Noms des élèves et rétribution due par chaque élève avec indication des N.° du registre matricule		
1	Arnaud Bastien, prop.^{re} à St Anatole	24	Arnaud Thomas	4.50	4.50
2	Bouys Joseph, prop.^{re} à St Anatole	5	Bouys Léon	4.50	
		6	Bouys Cyprien	4.50	
		7	Bouys Jean	4.50	22.50
		8	Bouys Jules	4.50	
		9	Bouys Jacques	4.50	
3	Bros Étienne cantonnier au Rey, comm.^{ne} à St Anatole.	2	Bros Philippe	4.50	4.50
4	Bruguière F.^s prop.^{re} à St Anatole	13	Bruguière Isidore	4.50	
		14	Bruguière Jules	4.50	9."
5	Cassaigne Fulcran prop.^{re} à St Anatole.	6	Cassaigne Théophile	4.50	4.50
6	Cassaigne Guillaume prop.^{re} à St Anatole	25	Cassaigne Jules	4.50	4.50
7	Cassaigne Antoine prop.^{re} à St Anatole	26	Cassaigne Léon	4.50	4.50
8	Dumas Jean, prop.^{re} à St Anatole	20	Dumas Jean	4.50	4.50
	à Reporter				58.50

N.° des articles du rôle	Noms et demeure des parents des élèves	N.° du registre matricule	Noms des élèves et rétribution due par chaque élève avec indication des N.° du registre matricule		
	Report				58.50
9	Jean Pascal prop.^{re} à St Anatole	28	Jean Jacques	4.50	4.50
10	Lamouroux Auguste, prop.^{re} à St Anatole.	10	Lamouroux Jean	4.50	
		11	Lamouroux Frédéric	4.50	13.50
		12	Lamouroux Auguste	4.50	
11	Pépin Fulcrand, prop.^{re} à St Anatole			."	"
12	Perrier Louis prop.^{re} à St Anatole	9	Perrier Louis	1.50	
		8	Perrier Albert	4.50	6."
13	Serre André prop.^{re} à St Anatole	27	Serre Philippe	4.50	4.50
14	Serre Thomas prop.^{re} à St Anatole			"	.
15	Théron Paul, fermier à St Anatole	4	Théron Prosper	4.50	4.50
	Total du rôle				91.50

Certifié véritable par le . . . <x> . . . (Inutile de relater le final de ce rôle, l'extentionnement conforme à celui du 1.er trimestre, sauf l'énonciation des dates et de la somme à recouvrer). Publié le présent rôle dans la Commune le 6 janvier 1862 = Le Maire =.

Fréd. Combret

Pièces administratives.

Rôle trimestriel de la rétribution scolaire

Y / 173

Due pour le 1er trimestre de l'année 1861, par les parents des élèves des communes voisines non réunies, admis et présents à l'école primaire communale dirigée par Mr Bourrié Léon instituteur dans la commune de Ste Anatole. = Bases de la rétribution scolaire : taux unique fixé à 1f 50 par mois.

N° des articles	Noms et demeure des parents des élèves	N°	Noms des élèves et rétribution due par chacun d'eux avec indication des N° du registre matricule		Total par trimestre des sommes dues par les parents des élèves.				Totaux en fin d'année	Payements			Observations
					1er trimestre	2e trimestre	3e trimestre	4e trimestre		Dates	N° des quittances	Sommes	
1	Mascla Antoine à Fontanès	29	Mascla Eugène	4.50	4.50	..	1.50	4.50	10.50				
2	Icard Jean propre à Fontanès	30	Icard Prosper	4.50	7.50	..	1.50	9,..	18,..				
		31	Icard Caliste	3,..									
3	Chardon Paul propre à Fontanès	32	Chardon Jules	..	..	..	3,..	4.50	7.50				
					12.00	..	6,..	18,..	36,..				

Certifié véritable par le soussigné instituteur de la Commune de Ste Anatole qui affirme, en outre, que tous les élèves des communes voisines non réunies, admis et présents à son école pendant le 1er trimestre de l'année 1861, sont compris dans le présent rôle, et que les avertissements aux redevables vont être rédigés immédiatement et distribués par ses soins = à Ste Anatole le 4 Mars ..

Bourrié

Vu et vérifié par Nous, Maire de la Commune de Ste Anatole, qui attestons que tous les élèves des communes voisines non réunies, présents pendant le 1er trimestre de l'année 1861, à l'école dirigée par Mr Bourrié Léon, sont compris dans ce rôle. = à Ste Anatole le 5 Mars 1861 =

L'Inspecteur de l'enseignement primaire de l'arrondissement de Montpellier est d'avis que le présent rôle est exact et qu'il soit rendu exécutoire. = Montpellier le 8 Mars 1861 = *Manel*

Nous Préfet de l'Hérault, = Vu le Rôle dressé par Mr Bourrié Léon, instituteur de la Commune de Ste Anatole des rétributions dues pour l'année 1861, par les parents des élèves des communes voisines non réunies présents à son école pendant le 1er trimestre de 1861 ; le dit Rôle vu et vérifié par le Maire, en avons arrêté le montant à la Somme de treize francs, cinquante centimes pour le recouvrement du dit rôle être fait par l'instituteur lui-même, conformément aux dispositions du dernier paragraphe de l'art. VIII de l'instruction du 31 Janvier 1854. = Enjoignons à tous les redevables dénommés au dit rôle, leurs représentants ou ayants cause, d'acquitter les sommes portées à leur nom, à peine d'y être contraints par les voies de droit. = Fait à Montpellier le 15 Mars 1861 = Le Préfet =

Sebastiani

Pièces administratives.

Rôle du 2ᵉ trimestre de l'année 1861

pour les parents des élèves des Communes voisines non réunies.

Nᵒˢ des articles du rôle	Noms et demeure des parents des élèves		Noms des élèves et rétribution due par chacun d'eux avec indication des Nᵒˢ du registre matricule		Total des sommes dues par les parents des élèves pendant le 2ᵉ trimestre	Nᵒˢ des articles du rôle	Noms et demeure des parents des élèves		Noms des élèves et rétribution due par chacun d'eux, avec indication des Nᵒˢ du registre matricule		Total des sommes dues par les parents des élèves pendant le trimestre
									Néant		

Certifié véritable par le..... Mⁱʳᵉ..... (Inutile de relater le final de ce rôle, il est entièrement conforme à celui du premier trimestre, Sauf l'énonciation des dates et de la Somme à recouvrer.)

Rôle du 3ᵉ trimestre de l'année 1861.

pour les parents des élèves des communes voisines non réunies.

Nᵒˢ des articles du rôle	Noms et demeure des parents des élèves		Noms des élèves et rétribution due par chacun d'eux avec indication des Nᵒˢ du registre matricule		Total des sommes dues par les élèves	Nᵒˢ des articles du rôle	Noms et demeure des parents des élèves		Noms des élèves et rétribution due par chacun d'eux avec indication des Nᵒˢ du registre matricule		Total des sommes dues par les élèves
1	Mascla Antoine à Fontanès	29	Mascla Eugène	1.50	1.50	3	Chardon Paul propⁱᵉ à Fontanès	32	Report..... Chardon Jules	3."	3."
2	Icard Jean propⁱᵉ à Fontanès	31	Icard Caliste	1.50	1.50				Total du rôle		6,"
			à Reporter.....		3,"						

Certifié véritable par le.... Mⁱʳᵉ. (Inutile de relater le final de ce rôle, il est entièrement conforme à celui du 1ᵉʳ trimestre, sauf l'énonciation des Dates et de la Somme à recouvrer.)

Rôle du 4ᵉ trimestre de l'année 1861

pour les parents des élèves des communes voisines non réunies.

Nᵒˢ des articles du rôle	Noms et demeure des parents des élèves		Noms des élèves et rétribution due par chacun d'eux avec indication des Nᵒˢ du registre matricule		Total des sommes dues par les élèves pendant le 4ᵉ trimestre	Nᵒˢ des articles du rôle	Noms et demeure des parents des élèves		Noms des élèves et rétribution due par chacun d'eux, avec indication des Nᵒˢ du registre matricule		Total des sommes dues par les parents des élèves pendant le 4ᵉ trimestre
1	Mascla Antoine à Fontanès	29	Mascla Eugène	4.50	4,50	3	Chardon Paul propⁱᵉ à Fontanès	32	Report..... Chardon Jules	4.50	13.50 4.50
2	Icard Jean, propⁱᵉ à Fontanès	30 31	Icard Prosper Icard Caliste	4.50 4.50 } 0.0					Total du rôle...		18,"
			à Reporter.....	13.50							

relater le final De ce rôle, il est entièrement conforme à celui du 1ᵉʳ trimestre, sauf l'énonciation des Dates et de la Somme à recouvrer.) — *Certifié véritable pour le..... Mⁱʳᵉ..... (inutile De...)*

Pièces administratives.

Y – 174	**Extrait** du rôle adressé aux parents des élèves.

Département de l'Hérault
arrondissement de Montpellier
—
Commune de St Anatole
—
Année 1861
—
M. Bonniol
Receveur M.ᵃˡ
—
1ᵉʳ Trim. 1861.

Extrait du rôle de la rétribution scolaire due pour le 1ᵉʳ trimestre de l'année 1861 par les parents des élèves de l'école communale dirigée par M. Bouvié, ledit rôle rendu exécutoire le 15 avril 1861 par M. le préfet, conformément à l'art. 22 du décret du 7 Octobre 1850 et à l'article 14 du décret du 31 décembre 1853.

Art. 1ᵉʳ du Rôle.

M. Serre, Thomas, paiera pour la rétribution scolaire de son fils Thomas.

la somme de . . . .

pour 3 mois du 1ᵉʳ trimestre de l'année 1861, ci . .

f	c
4	50
4	50

Certifié conforme au rôle.

à St Anatole le 20 Avril 1861. = L'instituteur = Bouvié

Y – 175	**Extrait** du Registre matricule pour l'année 1861 mois de Janvier.

Nos d'ordre	Noms des parents ou tuteurs.	Noms des élèves.	Date de l'admission à l'école	Catégorie à laquelle les élèves appartiennent	Montant de la rétribution	Émargement provoire du Receveur M.ᵃˡ			Observ.ⁿˢ
						Date	numero de la quittance	Somme	

Certifié véritable par le soussigné, instituteur de la commune de ______ à ______ le ______ 1861. = Le Maire de la commune de

Vu l'État des enfants admis à l'école pendant le mois de ______ 1861; Vu l'instruction du 31 Janvier 1854 art. 9, = Arrête: Le Receveur municipal est autorisé à percevoir, avant l'émission du rôle, les sommes portées à l'état ci-dessous, sauf à reporter les émargements qu'il y inscrivait provisoirement au rôle du trimestre avant sa mise en recouvrement; = A ______ le ______ 1861

= Le Maire =

Y – 176	**Mandat** de paiement Trimestriel.

Le Maire de la commune de St Anatole, mande au Receveur municipal de payer à la partie prenante, et pour les motifs ci-après désignés, savoir:

Désignation de la partie prenante	Objet du payement et somme à payer			Indication des pièces à produire à l'appui du présent mandat.
	Montant annuel du traitement brut…	150 f	"	1° Certificat du Maire constatant :
	Somme due pour le (1)			1° la qualité de l'Instituteur public, soit
	à déduire pour retenues acquises au Trésor :			comme provisoire, soit comme adjoint, soit
	Du 1er mois d'après les émoluments de l'emploi			comme suppléant de 1re ou 2e classe,
Bourrié,	pendant l'année précédente …			soit comme instituteur définitif; 2° la date
Instituteur	Du 1er douzième d'augmentation (2) …			de la nomination; 3° celle de son installa-
communal.	à divers titres …			tion; 4° le temps pendant lequel il a
	Du 20e (3)	7f 50	7	50	exercé ses fonctions.
	Du 20e de la somme du montant de la			2° La récépissé du Receveur des finances
	rétribution scolaire recouvrée par l'Instituteur			justifiant que le montant de la retenue a été
				versé à sa caisse.
	Reste pour le net à payer ……	142	50	
	(2) Savoir :			
	Traitement sur lequel l'Instituteur a subi le dernier retenue, à titre			
	de 1er douzième d'augmentation ou de 8e douzième de traitement			
	Traitement du nouvel emploi pendant l'année qui a			
	précédé l'installation de l'instituteur …			
	Augmentation …			
	Double douzième et de …			

Le présent mandat montant à la somme de Cent cinquante francs, Dont cent quarante deux francs Cinquante centimes pour le net à payer, et sept francs cinquante centimes pour les retenues acquises au Trésor, Délivré par Nous, Maire de la Commune De St Anatole — À St Anatole le 15 Avril 1861. = Le Maire Fréd Combes

Pour acquit, à St Anatole le 17 Avril 1861 = L'Instituteur communal = Bourrié

Y 177

1er Trimestre 1861

Le Maire de la Commune de St Anatole, Certifie : = 1° que le Sr Bourrié Léon a été nommé Instituteur (1) Communal définitif, par arrêté de Mr le Préfet de l'Hérault du 5 Mars 1859; 2° qu'il a été installé Dans les dites fonctions le 10 Mars 1859; 3° qu'il les a exercées Depuis le 10 Mars 1859 jusqu'au 1er Avril 1861. =

= À St Anatole le 2 Avril 1861 = Le Maire = Fréd Combes

Décompte
de
fin d'année.

Y
178

Désignation des rôles.	Montant des rôles trimestriels	Non valeurs résultant des dégrèvements pour l'année	Sommes recouvrées ou à recouvrer	Cotes ou portions de cote non recouvrées et à mettre à la charge de la Commune	Observations
Rôles du 1er trimestre	120 "	" "	120 "	" "	
— du 2e trimestre	70 50	"	70 50	" "	
— du 3e trimestre	60 "	"	60 "	" "	
— du 4e trimestre	109 50	"	109 50	" "	
Totaux....	360 "	" "	360 "	" "	

Certifié sincère & véritable par le Receveur municipal de la Commune de St Anatole — à St Anatole le 3 Janvier 1861 =
Le Receveur Municipal = Bouriol

Le Maire de la commune de St Anatole, = Vu le décompte ci-dessus et les pièces présentées à l'appui par le Receveur municipal, Savoir : 1° les rôles de la rétribution scolaire ; 2° les États des cotes indûment ouvertes aux dits rôles ; 3° les états de dégrèvements ; 4° les Décisions sur les réclamations particulières des redevables ; = Vu l'article 27 du décret du 7 Octobre 1850, = Arrête à la somme de trois cent soixante francs le produit net des rôles de la rétribution scolaire pour l'année 1860 ; = Et la somme de ______ le montant des cotes ou portion des cotes devenues irrécouvrables et dont la Commune est responsable, aux termes de l'article 29 du Décret du 7 Octobre 1850. = Il estime en conséquence, que les frais d'entretien de l'école primaire communale doivent être liquidés définitivement, conformément au tableau ci-après :

Sommes formant le traitement de l'instituteur.		Ressources au moyen desquelles il est pourvu à la dépense.		
1° Traitement fixe	200 "	1° Produit de fondation pour l'entretien de l'école		
2° Rétribution scolaire (produit net) . .	360 "	2° Rétribution scolaire (produit brut)	360	"
3° Cote à mettre à la charge de la commune (Article 29 du décret du 7 octobre 1850) . . .		3° Prélèvement sur les revenus ordinaires de la commune .	"	"
4° Supplément de traitement pour compléter le minimum fixé par la loi amassé à l'instituteur par la Commune	40 "	4° Centimes additionnels ordinaires et extraordinaires spéciaux	156	58
		5° Subvention du Département ou de l'État . . .	83	42
Total	600 "	Total	600	"

L'instituteur a reçu sur ce traitement, en vertu de mandats délivrés dans le cours de l'année fr. 450,,
Il lui revient pour solde " 150,,

À St Anatole le 4 Janvier 1861
Le Maire,

(1er Trimestre 1861.)

Le Maire de la Commune de St Anatole Certifie : 1° que le Sieur Bousié Léon a été nommé Instituteur (1) Communal Définitif par arrêté de M. le Préfet de l'Hérault du 5 Mars 1859 ; 2° qu'il a été installé dans les dites fonctions le 10 Mars 1859 ; 3° qu'il les a exercées depuis le 10 Mars 1859 jusqu'au 1er Avril 1861. — À St Anatole le 2 Avril 1861. = Le Maire [signature]

Vu par l'Inspecteur des écoles : = Montpellier le 4 Avril 1861 = Pour le Préfet & par délégation = Chambert = Le Secrétaire général = Champal

---

Vote des ressources pour les chemins vicinaux.

Montpellier le 17 Avril 1860 = Monsieur le Maire = J'ai l'honneur de vous adresser, pour ce qui concerne votre Commune, un extrait du tableau général établissant les bases de la fixation des contingents à fournir en 1861, par les communes intéressées aux chemins vicinaux de grande communication & d'intérêt commun. Veuillez mettre cet extrait sous les yeux du Conseil municipal dans la session de Mai et l'inviter à voter les ressources nécessaires pour acquitter les contingents imposés à la Commune. = Le Conseil peut voter ces prélèvements sur les revenus ordinaires de la Commune ou sur les excédants demeurés libres des exercices antérieurs, et dans le cas où ces ressources seraient nulles ou insuffisantes, il doit voter des centimes spéciaux et des prestations en nature dans les limites déterminées par la loi du 21 Mai 1836 = Vous recevrez avec cette lettre, un modèle de la délibération à prendre ; j'ai fait disposer ce modèle de manière que les conseils municipaux puissent y inscrire en même temps, les votes relatifs aux chemins vicinaux ordinaires. Vous ferez porter cette délibération sur le registre, et vous me renverrez comme expédition le modèle rempli & certifié. Cet envoi devra me parvenir directement pour l'arrondissement de Montpellier & par l'intermédiaire de MM. les Sous-Préfets pour les autres arrondissements. = Il est très essentiel que toutes les délibérations me parviennent avant le 1er Juin. Comme un plus long retard entraverait le service, je serais, à l'expiration de ce délai, obligé d'y suppléer par les moyens que la loi met à ma disposition. = Vous considérerez la présente lettre comme mettant votre conseil municipal légalement en demeure de voter les 3 journées de prestations et les 5 Centimes, sauf à ne consacrer aux chemins de grande Communication que la portion de ces ressources déterminées par l'art 8 de la loi du 21 Mai 1836, et à réserver le surplus pour les chemins ordinaires. = Recevez, Monsieur le Maire etc… = Pour le Préfet de l'Hérault, = Le Secrétaire Général =

Champal

Extrait du Tableau portant fixation des contingents communaux afférents aux lignes de grande communication et d'intérêt commun pour l'année 1861 (Arrêté du Préfet du 16 Avril 1860)

Désignation de la Commune	Contingents des chemins de grande communication.			Contingents des chemins d'intérêt commun.			Observations.
	N°s des chemins	Portion à prendre sur les 2/3 des ressources communales		N°s des chemins	Portion à prendre sur le montant des ressources … prélèvements faits des contingents des grandes lignes.		
		en prestations	en argent		en prestations	en argent	
1	2	3	4	5	6	7	8
St. Anatole	17	440 fr.	173 fr. 98 c	15	113 fr. 01	86 fr. 99	

CC 181

Le 4 Mars 1860, Nous Maire de la Commune de St Anatole, assisté de Mr Céjon, agent voyer cantonal, avons procédé à la visite des chemins vicinaux ordinaires classés et qui doivent être réparés et entretenus aux frais de la Commune. — Nous avons reconnu que, pour mettre les dits chemins en bon état de réparation et d'entretien, il était nécessaire d'exécuter les ouvrages indiqués dans le tableau ci-après :

N° d'ordre des chemins d'après leur classement	Désignation des chemins ordinaires	Points sur lesquels des travaux paraissent nécessaires.	Nature des divers travaux présumés nécessaires sur chaque chemin ordinaire	Évaluation approximative des dépenses.				Total de la dépense présumée nécessaire.		Observations du Conseil municipal sur les propositions du Maire.
	2	3	4	5	6	7		10		11
4	chemin de St Anatole de la croix de village à Laneyre	à la route Dep.le N° 2	emplacement et curage des fossés	"	"	"	81.99 25,	106	99	le conseil approuve les propositions du Maire.
	Totaux			"	"	"	81.99 25,	106	99	

En conséquence, Nous Maire & Agent voyer soussignés, proposons au Conseil municipal d'affecter en 1861 aux dépenses mentionnées ci-dessus, montant à la somme de (colonne 10) cent six francs quatre-vingt dix-neuf centimes : savoir sur les ressources

Sur le produit d'une imposition extraordinaire . . . .

Sur les revenus ordinaires communaux . . . .

Sur les journées de prestation (déduction faite des contingents des lignes de grande et moyenne communication) 106 99

Sur les centimes spéciaux   d°.   d°.   d°   d° . . .

Total des ressources applicables à la vicinalité ordinaire 106 99

Vu: pour être annexé à la délibération de ce jour
à St Anatole le 2 Mai 1860
Les membres du Conseil municipal signés
Collet Fabre A. Meste B. Cabasse
Bernard Mitre

Fait à St Anatole le 4 Mars 1860
L'Agent voyer Cantonal   Le Maire Salze
C. Soullier Cesson Bertou agt. Delombre
Maur.

<table>
<tr><td>

Délibération
du Conseil Municipal
sur les dépenses pour
1861.

</td><td>

CC
—
182

</td><td>

= S. An mil huit cent soixante et le Deux Mai. — Le conseil municipal De la Commune De S.te Anatole réuni en Session ordinaire, &c. … (voir le N.° 19). — Le Maire a Déposé sur le bureau 1.° La Circulaire par laquelle M.r le Préfet invite les Conseils municipaux à s'occuper pendant la présente Session des moyens d'assurer le service vicinal pendant l'année 1861 ; 2.° Les pièces indiquées par les articles 49 et suivants Du règlement général du 25 Août 1855, et l'art.° 40 Du règlement du 1.er Mars 1843, faisant connaître l'état et les besoins Des chemins vicinaux ordinaires ; 3.° Une lettre en Date du 17 Avril dernier, par laquelle M.r le Préfet fait connaître la proportion Dans laquelle seront établis les contingents à fournir par la Commune pour les Dépenses Des chemins vicinaux De grande communication et d'intérêt commun en 1861. Il a ensuite fait connaître au Conseil que, pour acquitter ces contingents, il peut être prélevé, sans compromettre en rien les autres Services, Sur les fonds libres ou les revenus ordinaires de la Commune, une Somme De ________ et que le Conseil peut ainsi voter des Centimes additionnels jusqu'à concurrence De Cinq, Dont le produit présumé Serait De Deux cent soixante francs, quatre vingt dix-sept Centimes et des prestations en nature jusqu'à concurrence de Trois, qui Donneraient un produit approximatif de Six cent soixante francs. Sur quoi le conseil considérant qu'il importe plus particulièrement Determiner le plutôt possible les chemins De grande communication et D'Intérêt commun et que M.r le Préfet a annoncé qu'il prendrait en grande considération, pour la répartition Du fonds voté par le Conseil général, les Sacrifices que s'imposeraient volontairement les Communes en Sus Du Contingent Dont le minimum a été Déterminé par l'arrêté Sus-énoncé. = Considérant, D'un autre côté, qu'il est également nécessaire D'entretenir et de perfectionner les chemins vicinaux ordinaires ; — Arrête : — 1.° qu'il sera prélevé sur les fonds libres ou les revenus ordinaires De la Commune, une Somme de ________ ; 2.° qu'il sera imposé en 1861 Cinq centimes additionnels, Dont le produit sera De : Deux cent soixante francs quatre vingt Dix-sept Centimes · · · · · · · · · · · · · 260,97.c
3.° Trois journées de prestations en nature Dont le produit sera De Six cent soixante f. …660, ..
    Le Total Des ressources votées par le Conseil municipal, Sera De · · · · · · 920,97.c
qui sera affecté aux chemins de grande communication, D'Intérêt Commun et ordinaires, conformément à la répartition arrêtée par M.r le Préfet.
    Ainsi Délibéré à S.t Anatole, les jour, mois et an que Dessus et ont Signé les membres Du Conseil, présents. — Le Maire — Nicolas Maj.re C.t Soullié Sabes Fa??? L.t Meistre Cabanel Bernard Fd Combres Franc Michel ???

</td></tr>
</table>

Imposition d'office des ressources pour les chemins vicinaux.

(marginal note : Maire en Demeure d'un Conseil municipal pour voter des ressources — CC / 183)

= Montpellier le 17 Avril 1860. = Monsieur le Maire, = A l'approche de la session ordinaire de Mai, pendant laquelle le Conseil municipal de votre commune doit voter les ressources nécessaires à l'entretien et à la réparation des chemins vicinaux en 1861, je vous adresse un modèle de la Délibération à intervenir. Vous ferez inscrire cette Délibération sur le registre, et vous me renverrez le modèle rempli et certifié pour servir d'expédition. = Vous savez qu'indépendamment des prélèvements sur les ressources et les revenus ordinaires, les Conseils municipaux peuvent voter trois journées de prestations en nature et Cinq centimes additionnels. La situation fâcheuse de la voirie vicinale dans la presque totalité des communes du département et la nécessité bien sentie de l'améliorer, exigent que les ressources destinées à ce service, en 1861, soient élevées le plus possible. J'insiste, Monsieur le Maire, pour que votre commune s'impose tout au moins les trois journées de prestations et les Cinq centimes additionnels. = Vous considérerez cette lettre comme mettant le Conseil municipal en Demeure à cet effet. Vous voudrez bien en la plaçant sous ses yeux, lui faire observer qu'en cas de refus de sa part, je serais dans la nécessité d'établir l'imposition d'office, Conformément à l'art. 5 de la loi du 21 Mai 1836. = Les Délibérations devront m'être envoyées avant le 1er Juin, terme de rigueur, directement pour l'arrondissement de Montpellier, et par l'intermédiaire de MM. les Sous-Préfets pour les autres arrondissements. Vous voudrez bien veiller en ce qui vous concerne, à ce que ce Délai ne soit pas dépassé. = Recevez, Monsieur le Maire, &c. ... Pour le Préfet de l'Hérault, = Le Secrétaire général. = Changodz

(marginal note : Arrêté du Préfet, imposant d'office, et notifié au Maire. — CC / 184 et 185)

Montpellier le 12 Juillet 1860 = Monsieur le Maire, = Par un arrêté du 10 de ce mois, j'ai approuvé les impositions votées volontairement par les Conseils municipaux pour subvenir aux Dépenses du Service vicinal en 1861, et établi d'office celles qui n'ont pas été votées, mais que j'ai reconnues indispensables. = Le Tableau ci-après fait connaître les mesures prises à l'égard de votre Commune. = Agréez, Monsieur le Maire, &c. ... Le Préfet de l'Hérault = Sébastien

Noms des Communes	Date des délibérations	Impositions votées par les Conseils municipaux.		Impositions établies d'office par le Préfet.		Total des impositions à comprendre dans les rôles.	
		en prestations	en Centimes	en prestations	en Centimes	en prestations	en Centimes

Publication dans la Commune.	C C —— 186	Le Maire de la Commune de ... prévient ses administrés que par un arrêté du ..... Monsieur le Préfet de l'Hérault, sur le refus du Conseil municipal de voter les ressources exigées par la loi du 21 Mai 1836, pour subvenir aux dépenses du service vicinal en ....., a établi d'office sur la Commune une imposition de cinq centimes au principal des quatre contributions directes et trois journées de prestation en nature. = A le le 1860 = Le Maire =

Classement d'un chemin vicinal d'intérêt commun.

Préliminaires pour le classement d'un chemin d'intérêt commun	C C —— 187	Montpellier le 25 Juin 1861 = Monsieur le Maire = Mr l'Agent-voyer en chef du Département m'ayant démontré la convenance de classer comme chemin vicinal de moyenne communication un chemin ordinaire qui prend naissance dans la Commune de St Anatole, se relie avec d'autres sur les territoires de Cazals, Barage, Camplong, St Christol et St André, et se termine dans cette dernière commune pour s'embrancher à la route Impériale N° 89, je vous invite à réunir votre Conseil municipal à l'effet de délibérer sur l'utilité de ce classement, sur la direction générale à donner à ce chemin, sur la désignation des Communes qui doivent contribuer collectivement à la dépense et sur la part contributive applicable à chacune d'elles. Vous trouverez ci-joint le plan des lieux et le rapport de Mr l'Agent-voyer en chef = Agréez, Monsieur le Maire, &c..... = Le Préfet de l'Hérault = Sébastien

Délibération du Conseil Municipal sur le projet de classement.	C C —— 188	L'An 1861 & le 7 Juillet, le Conseil municipal de la Commune de St Anatole réuni extraordinairement &c..... (voir le N° 14) = Monsieur le Maire donne lecture d'une lettre de Mr le Préfet, par laquelle ce magistrat invite le Conseil à délibérer 1° sur l'utilité du classement, comme chemin vicinal de moyenne communication, d'un chemin ordinaire, N° 5, qui prend naissance dans la Commune de St Anatole, se relie avec plusieurs autres situés sur le territoire des Communes de: Cazals, Barage, Camplong, St Christol et St André, & va s'embrancher à la route Impériale N° 89, 2° sur la désignation des Communes devant contribuer aux dépenses de construction et d'entretien, 3° sur la part contributive applicable à chacune d'elles. Le plan des lieux et le rapport de Mr l'Agent-voyer en chef sont déposés sur le bureau. = Le Conseil, après avoir pris connaissance de ces pièces, est d'avis que ce chemin sera d'une grande utilité pour les Communes précitées et qu'elles devraient contribuer à sa dépense de construction et d'entretien dans les proportions suivantes: = St Anatole pour les 7/24èmes, Cazals 5/24èmes, Barage 4/24èmes, Camplong 4/24èmes, St Christol 2/24èmes et St André 2/24èmes. Et les délibérants ont signé après lecture faite. Collet, Salze, ... Tamar, ... Feuillès, ... Pastor, ... Frd Camargue, ... Padal ...

Arrêté de classement et fixation des contingents	CC / 189

Nous Préfet de l'Hérault, vu la proposition de Mᵉ l'Agent-voyer en chef, portant classement comme chemin Vicinal de moyenne communication, d'un chemin ordinaire qui prend naissance dans la Commune de Sᵗᵉ Anatole et va se terminer à Sᵗ André pour s'embrancher à la route Impériale N° 89 en se reliant avec d'autres sur le territoire des Communes de Cazals, Barage, Camplong Sᵗ Christol à Sᵗ André ; = Vu les délibérations des Conseils municipaux des communes intéressées ; = Vu les articles 1, 6 et 18 de la loi du 21 Mai 1836 ; = Arrêtons = Article 1ᵉʳ, Ces chemins vicinaux ne formeront plus qu'une seule ligne qui prendra la dénomination de chemin vicinal d'intérêt commun de Sᵗᵉ Anatole à Sᵗ André, sous le N° 48 ; = Article 2, La largeur est fixée à 5 mètres, non compris les fossés ; = Article 3, les Communes précitées sont déclarées intéressées à ce classement, et par suite contribueront à sa construction et à son entretien ; = Article 4, leur part contributive sur la dépense sera pour la première des 8/24ᵐᵉˢ, pour la 2ᵉ des 4/24ᵐᵉˢ, pour la 3ᵉ des 5/24ᵐᵉˢ, pour la 4ᵉ des 4/24ᵐᵉˢ, pour la 5ᵉ des 2/24ᵐᵉˢ et pour la 6ᵉ de 1/24ᵐᵉˢ ; = Article 5, Messieurs les Maires et l'Agent-voyer en chef sont chargés chacun en ce qui le concerne, de l'exécution du présent arrêté qui leur sera notifié. = Montpellier le 25 Août 1861. = Le Préfet de l'Hérault = Sébastien

Signification de cet arrêté.	CC / 190

Le Préfet adresse une copie de cet arrêté à tous les Maires des Communes qui ont été déclarées intéressées au classement de ce chemin.

Déclassement d'un chemin de moyenne Communication	CC / 191

Déclassement d'un chemin de moyenne Communication et Conservation comme Chemin vicinal Ordinaire.

Les formalités pour le déclassement sont les mêmes que pour le classement, nous nous dispensons d'énumérer ici les pièces administratives.

Invitation à délibérer pour sa Conservation comme chemin vicinal Ord.ᵉ	CC / 192

Le Préfet Communique au Maire son arrêté de déclassement et l'invite à faire délibérer son conseil pour s'assurer s'il n'y a pas lieu de faire rentrer ce chemin dans la catégorie des chemins vicinaux ordinaires.

Délibération du Conseil municipal à cet effet.	CC / 193

L'an 1861, et le 15 février, le Conseil municipal de la Commune de Sᵗᵉ Anatole, réuni extraordinairement &c.... (voir le N° 14) = Le Conseil, vu l'arrêté de Mᵉ le Préfet de l'Hérault portant déclassement du chemin Vicinal de moyenne Communication N° 10, sous la désignation de Sᵗᵉ Anatole à Claret ; = Vu l'invitation de ce magistrat d'examiner s'il n'y aurait point lieu de le classer dans la catégorie des chemins vicinaux ordinaires, Considérant que ce chemin est l'unique voie de Communication du Village de Sᵗᵉ Anatole avec la route Départementale N° 2 ; est d'avis qu'il doit être Conservé comme chemin vicinal ordinaire, non seulement dans le territoire de cette Commune, mais encore dans celui de toutes celles qui se trouvent dans son parcours. Les délibérants ont signé après lecture faite. Pertus adjt. Frédéric Combes fils Maire, Salze, Fadat, S. Capasus, Vaur, L. Maître, Bernard, C. Soullié, Michel.

Arrêté
qui ordonne une enquête

C C / 194

La Commune de Claret ayant voté la Suppression sur ce chemin dans son territoire, le Préfet prescrit une enquête dans toutes les Communes pouvant avoir intérêt à sa conservation.

Affiche et publication de l'enquête

C C / 195

Se Conformer aux indications données au Nº 53, on y insérera seulement que cette enquête aura lieu le 1ᵉʳ Mars et que sa durée sera d'un mois.

Procès-verbal d'enquête

C C / 196

Se Conformer aux indications données au Nº 54 = Cette enquête étant terminée, le Préfet Statue.

États matrice

C C / 197

Prestations en nature... Etat - matrice = Cette pièce est trop volumineuse pour l'insérer ici, nous nous bornerons à la mettre sous les yeux de nos élèves.

Registre de déclarations d'option

C C / 198

Articles du rôle des prestations	Noms et Prénoms des Contribuables	Déclaration.	Signature du déclarant.	Observations.
		Nº On consignera sommairement dans cette colonne la déclaration d'option ou les termes: acquittera en nature, ou bien acquittera en argent.	Nº Si le contribuable ne sait pas signer, le Maire en fera mention par ces mots : ne sait signer.	Ce Registre restera ouvert à la Mairie pendant un mois, à dater de la publication du rôle des prestations. = Passé ce délai, le Maire le signera et le fera parvenir au percepteur.
1	Chérond Jean	acquittera en nature	*Chérond*	
2	Arnaud Firmin	acquittera en nature	*Arnaud*	
3	Baille Louis	acquittera en nature	*Baille*	
4	Bros Jⁿᵉ Pierre	acquittera en nature	*Bros*	
5	Bruguière Adolphe	acquittera en nature	*Bruguière A.*	
6	Cambon Eugène	acquittera en nature	*Cambon*	
7	Mazel, Françoise vᵉ Chérond	acquittera en nature	*Mazel*	
8	Mazel Auguste	acquittera en nature	*A. Mazel*	
9	Mazel Jⁿ Jacques	acquittera en nature	*Mazel J.*	
10	Pépin Fulcrand	acquittera en nature	*pépin*	
11	Ricard Baptiste	acquittera en nature	*ricard*	
12	Arnaud Jacques	acquittera en nature	*Arnaud Jᵏᵉˢ*	
13	Arnaud Jⁿ Louis	acquittera en nature	*Bouty J.L.*	
14	Bouty Jⁿ Joseph	acquittera en nature	*Bouty*	
15	Bouty Fᵒⁱˢ (veuve)	acquittera en nature	ne sait signer	
16	Bros François	acquittera en nature	*Bros*	
17	Bros Étienne	acquittera en nature	*Étienne Bros*	
18	Bros Joseph	acquittera en nature	*J. Bros*	
19	Bruguière François	acquittera en nature	*Bruguière*	
20	Brun Jacques	acquittera en nature	*Brun*	
21	Canagnier Guillaume	acquittera en nature	*Cavagnac*	
22	Cassagne Guillⁿᵉ	acquittera en nature	*Cassagne*	

Article du rôle des prestations	Noms et Prénoms des Contribuables.	Déclaration	Signature du déclarant	Observations.
		N°a On consignera sommairement dans cette colonne la déclaration d'option en ces termes: acquittera en nature ou bien: acquittera en argent	N°a Si le contribuable ne sait pas signer, le Maire en fera mention; par ces mots: ne sait signer.	Ce registre restera ouvert à la Mairie pendant un mois à dater de la publication du rôle des prestations. Passé le délai le Maire le signera et le fera parvenir au percepteur.
23	Chapotal Etienne	acquittera en nature	Chapotal	
24	Combres Frédéric	acquittera en nature	F. Combres	
25	Dumas Jean	acquittera en nature	Dumas	
26	Frontier Joseph	acquittera en nature	Frontier	
27	Lamoureux Auguste	acquittera en nature	Lamoureux	
28	Olivier Antoine	acquittera en nature	Olivier	
29	Olivier Antoine	acquittera en nature	A. Olivier	
30	Périer Louis & Jean Louis frères	acquittera en nature	Périer	
31	Rochet Jean	acquittera en nature	Rochet	
32	Sabatier Antoine	acquittera en nature	H. Sabatier	
33	Roussel Frédéric	acquittera en nature	ne sait signer	
34	Salagé Hippolyte	acquittera en nature	Hte Salagé	
35	Salagé Guillaume	acquittera en nature	ne sait signer	
36	Salage Pierre	acquittera en nature	ne sait signer	
37	Salager Joseph Cadet	acquittera en nature	Salager	
38	Salager Jn Baptiste	acquittera en nature	ne sait signer	
39	Salager François	acquittera en nature	ne sait signer	
40	Serre Thomas	acquittera en nature	Serre	
41	Thiéroud Jean	acquittera en nature	Thiéroud	
42	Bruguière Antoine	acquittera en nature	A. Bruguière	
43	Bruguière Jean	acquittera en nature	Bruguière	
44	Bruguière François	acquittera en nature	F. Bruguière	
45	Collet Fulcrand	acquittera en nature	ne sait signer	
46	Collet Jean	acquittera en nature	J. Collet	
47	Collet curé	acquittera en nature	Collet père	
48	Jeanjean Jacques	acquittera en nature	J. Jeanjean	
49	Jeanjean Pascal	acquittera en nature	Jeanjean Pascal	
50	Jeanjean Auguste	acquittera en nature	A. Jeanjean	
51	Nourrit Fulcrand	acquittera en nature	Nourrit Fulcrand	
52	Armand Antoine	acquittera en nature	Armand	
53	Cabane Fulcrand	acquittera en nature	Cabane Fulcrand	
54	Cabane Jean	acquittera en nature	J. Cabane	
55	Cabane Eugène	acquittera en nature	E. Cabane	
56	Cassagne Antoine	acquittera en nature	A. Cassagne	

Le Maire de la Commune de St Anatole, Certifie l'exactitude des déclarations du présent registre qui est resté ouvert à la Mairie pendant un mois à partir du premier Novembre, date de la publication du rôle, jusqu'à aujourd'hui. — à St Anatole le 31 Novembre 1860. — Le Maire: F. Combres

Pièces administratives.

100

Affiches pour ces déclarations.	C C / 199	Le Maire de la Commune de St Anatole prévient ses administrés que le registre, pour constater les déclarations d'option des contribuables cotisés au rôle des prestations en nature pour 1861, restera ouvert à la Mairie à partir du 1er Novembre jusqu'au 30 inclus. — Ste Anatole, le 28 Octobre 1861 — — Le Maire : *F^d Cambres*
Envoi de ce registre au percepteur	C C / 200	Le Maire ne doit pas négliger d'envoyer au percepteur ce registre, immédiatement après sa clôture.
Rôle général des prestations.	C C / 201	Même observation que pour le N° 197.
Proposition pour la fixation de l'époque de l'ouverture des travaux	C C / 202	L'Administration des chemins vicinaux Demande l'avis du Maire pour la fixation de l'époque De l'ouverture des travaux. — Cet avis et le sien sont adressés au Préfet, qui Statue par un arrêté.
Arrêté du Préfet, fixant cette époque.	C C / 203	L'Arrêté du Préfet, fixe l'ouverture Des travaux Dans la Commune de St Anatole au 14 Janvier 1861.
Affiches pour annoncer l'ouverture des travaux	C C / 204	

Ouverture des travaux.

Le Maire de la Commune de St Anatole, — Donne Avis que, conformément aux prescriptions de l'arrêté préfectoral du 13 Novembre 1858, les prestations en nature de la Commune de St Anatole, applicables en 1861 aux chemins vicinaux ordinaires, Seront effectuées du 14 Janvier au 15 Février 1861. — En conséquence, les Contribuables qui ont déclaré vouloir acquitter leurs prestations en nature, Sont invités à Se rendre sur les Chantiers, le jour désigné par l'avis gratis que nous leur ferons remettre, pour effectuer les travaux qui leur Seront indiqués. — Si un prestataire était empêché par maladie ou par toute autre cause, il devrait nous le faire Connaître dans les 24 heures qui suivront la réception dudit avis, pour être Statué par nous ce qu'il appartiendra. — Ceux des prestataires, qui ne Seront pas rendus Sur les chantiers au jour et à l'heure indiqués, ne Seront point admis un autre jour à effectuer leurs journées, à moins d'une autorisation écrite de notre part et la Cote ou portion de cote pour laquelle ils ne seraient pas libérés, Sera De Droit exigible en argent. — Les Contribuables ne Seront valablement libérés que par la quittance ou le Décompte qui Sera inscrit au dos de l'avis gratis, par le fonctionnaire chargé de la Surveillance Des travaux. — à cet effet, chaque prestataire à la journée Devra être toujours nanti Dudit avis gratis. = à St Anatole le 30 D^{bre} 1860. — Le Maire N^a. Cet avis Sera de nouveau affiché à huit jours d'intervalle le Dimanche Suivant. *F^d Cambres*

Bulletin de réquisition.
C C
205

Mr. Armand Jacques. = Sur un rôle de prestation voté par le Conseil municipal et rendu exécutoire par le Préfet, vous êtes compris pour 3 journées de travail d'homme, ... journées de cheval, ... journées de paire de bœufs ou de vaches, et .... journées de charrette, de tombereau ou de voiture. Vous avez déclaré vouloir acquitter votre taxe en nature. = Vous êtes prévenu que les travaux s'ouvriront le 14 Janvier 1861; vous êtes, en conséquence, requis de faire ou de faire faire pour votre compte, sur le chemin vicinal ordinaire N°. 4, les journées désignées ci-dessus. = Les ouvriers devront être rendus sur les travaux à sept heures du matin, le jour indiqué et jours suivants s'il y a lieu, munis de pelles, pioches et autres instruments nécessaires aux travaux. = Faute par vous d'obtempérer à la présente réquisition, votre cote sera de droit exigible en argent. = Vous devrez porter au lieu des travaux la présente réquisition, que vous ferez quittancer au dos, à la fin de chaque journée par le fonctionnaire chargé de la surveillance des travaux. = Fait à la Mairie, à St. Anatole le 8 Janvier 1861. = Le Maire = _[signature]_. = Le Soussigné, chargé de la surveillance sur le chemin vicinal ordinaire N°. 4 certifie que le contribuable dénommé en la réquisition d'autre part, a acquitté ce jourd'hui sur le dit chemin, 3 journées de travail d'homme, — journées de cheval, — journées de paire de bœufs ou de vaches, et — journées de charrette, de tombereau ou de voiture; en conséquence, sa taxe se trouve déchargée d'autant. = Fait à St. Anatole, le 14 Janvier 1861. = _Oliviez_. =

Demande d'ajournement.
C C
206

Le Soussigné, Salager Joseph, domicilié à St. Anatole, a l'honneur d'exposer à Mr. le Maire que, retenu dans son lit par suite d'une maladie très grave, il ne peut se libérer des prestations le 15 Janvier conformément à la réquisition qui lui a été faite. = Il le prie de vouloir bien lui accorder un ajournement à quinzaine, et a l'honneur d'être &c. ... St. Anatole le 14 Janvier 1861. = _Salager_.

Acquit des prestations.
C C
207

Le Soussigné, chargé de la surveillance sur le chemin vicinal ordinaire N°. 4 certifie que le contribuable dénommé en la réquisition d'autre part, a acquitté ce jourd'hui sur le dit chemin; 3 journées de travail d'homme, — journées de cheval, — journées de paire de bœufs ou de vaches et — journées de charrette, de tombereau ou de voiture; en conséquence, sa taxe se trouve déchargée d'autant. = Fait à St. Anatole le 14 Janvier 1861. = _Oliviez_ =

Feuille d'attachement tenue par le surveillant des travaux.
C C
208

Art. du rôle	Noms et prénoms des prestataires	Journées imposées				Numéro et nom du chantier	Travaux effectués						Signature du chef d'atelier
		d'homme	de cheval ou de mulet	de paire de bœufs ou de vaches	de charrette et voiture		Date des travaux	d'homme	de cheval	de bœufs	de charrette		
1	Chirond Jean	6	6	3	3	4	14 Janvier 1861 / 15 / 16	2 / 2 / 2	2 / 2 / 2	1 / 1 / 1	1 / 1 / 1		_Oliviez_
2	Armand Firmin	6	6	6	3	4	14 Janvier 1861 / 15 / 16	2 / 2 / 2	2 / 2 / 2	2 / 2 / 2	1 / 1 / 1		_Oliviez_
12	Armand Jacques	3				4	14 Janvier 1861	3					_Oliviez_
17	Bros Etienne	3				4	14 Janvier 1861 / 15 / 16	1 / 1 / 1					_Oliviez_
18	Bros Joseph	3				4	14 Janvier 1861 / 15 / 16	1 / 1 / 1					_Oliviez_
34	Salager Hippolyte	3				4							
	Totaux							21	12	9	6		

Le surveillant des travaux. = à — le 16 Janvier _Oliviez_

Tarif de conversion en tâches | CC / 209

Prix fixé par le Conseil h.r pour chaque copie de journées (1)	Désignation des journées (2)	Nature des travaux (3)	Quantités à exécuter pour chaque journée — Suivant les propositions de l'agent-voyer cantonal (4)	Suivant les propositions de l'agent-voyer ordinaire (5)	Valeur que représente chaque mètre cube d'après le prix de la journée fixé par le Conseil général et suivant les qualités au présent tarif (6)	Observations — Nota = Les colonnes N° 4 et 6 ne seront remplies qu'après la session du Conseil général (7)
1,25	Journées d'hommes	11e extraction de — dans la carrière de) . . .				Dans les N°s 11 à 16 inclusivement, l'emmétrage n'est pas compris, cet ouvrage formant l'objet du N° spécial 18. — D'ailleurs en général, chaque N° ne comprend que ce qui est de l'homme exprimé par son objet.
		12e . . . d°. . . de . . . d°				
		13e ramassage de pierres en tas, d'au moins ½ m. à la surface du sol . . .	6 ,,	"	0,208	
		14e Cassage de pierres à l'anneau de 0,07 de diamètre . . .	1.50	"	0.333	
		15e . . . d°. . . d°. . . d°. . . de . . . de . d°				
		16e extraction et épuration de graviers dans				
		17e Chargement de matériaux sur voiture ou tombereau . . .	8 ,,	"	0,156	
		18e emmétrage par tas isolés . . .	14 ,,	"	0,089	
		19e . . . d°. . . en cordons continus . . .	18 ,,	"	0,070	
		20e mise en œuvre pour empierrement neuf . . .				
		21e . . . d°. . . pour rechargement ou entretien				
1,80	Journée du cheval, mulet ou mulet	22e transport et déchargement de matériaux ou de remblai à la distance de 500 m	9 ,,	"	0.539	on compte sur 18 voyages de 250 m par jour
		23e . . . d°. . . d°. . . 1000	6 ,,	"	0,808	d°. — 12 d°
		24e . . . d°. . . d°				d°. — " — d°
		25e . . . d°. . . d°. . . 2000	3,50	"	1,387	d°. — 7 d°
		26e . . . d°. . . d°				d°. — — d°
		27e . . . d°. . . d°. . . 3000	2,50	"	1,940	d°. — 5 d°
		28e . . . d°. . . d°				d°. — — d°
		29e . . . d°. . . d°. . . 5000	1,50	"	3.233	d°. — 3 d°
		30e . . . d°. . . d°				
		31e . . . d°. . . d°				
2,25	Journée de paire de bœufs ou vaches	32e chaque bœuf ou vache sera généralement compté pour transporter dans sa journée les 2/3 de ce qui est demandé pour la journée du cheval.				
1,80	Journées de voitures, tombereaux ou charrettes	33e chaque voiture ou charrette conduira par jour, une quantité égale à celle assignée en totalité, aux bêtes de trait dont elle sera attelée.	Nombre de chevaux dont chaque voiture ou charrette devra être attelée		La valeur afférente à chaque mètre cube pour charrette ou voiture, s'obtiendra en divisant le prix de la charrette ou voiture employée, par la quantité de mètres cubes qu'elle aura eu à conduire dans sa journée.	
		34e Voiture à 4 roues . . .				
		35e charrettes à plusieurs chevaux . . .	2	·		
		36e charrette à un cheval . . .	1	1		

Dressé par Nous, agent-voyer Cantonal Soussigné = à ..... le ... = L'agent-voyer Cantonal =

Vu, Vérifié et modifié par Nous, agent-voyer Ordinaire Soussigné = à ... le ..... = L'agent-voyer ordinaire

Puis présenté par Nous, Agent-voyer en chef Soussigné, = à ... le . L. 18 . = L'agent-voyer en chef =

Délibération du Conseil Municipal | CC / 210

L'An mil huit cent Soixante ... le — , le Conseil Municipal de la commune de — réuni en Session ordinaire (Voir le N° 19) = Vu l'article 4 de la loi du 21 Mai 1836. Arrête ainsi qu'il suit le tarif de conversion en tâches des journées de prestation en nature non rachetées en argent, pour la réparation des chemins vicinaux (copier le tarif ci-dessus) = Fait à — les jour, mois et an susdits

Approbation de cette délibération | CC / 211

Le Préfet, s'il le juge convenable, renvoie la délibération approuvée.

Travaux à la tâche.

Réquisition pour l'emploi de la Tâche.

C C / 212

M.... — Sur un rôle de prestation voté par le Conseil municipal et rendu exécutoire par le Préfet, vous êtes compris pour ———— journées de travail d'homme, ———— journées de cheval ou de mulet, ———— journées de paires de bœufs ou vaches, et ———— journées de brouette ou de voiture, les dites journées, évaluées à ———— francs. — Par une délibération prise par le Conseil municipal le ———— 185 en exécution du troisième paragraphe de l'article 4 de la loi du 21 Mai 1836, la dite délibération approuvée par le Préfet du Département, le ———— 185 , il a été arrêté que la prestation non rachetée en argent serait convertie en tâches, d'après le tarif préalablement rédigé par le Conseil municipal, approuvé par M. le Préfet, et dont il vous est loisible de prendre connaissance à la Mairie. —

Vous avez déclaré vouloir acquitter votre taxe en nature. En conséquence vous êtes invité à faire ou à faire faire pour votre Compte, sur le chemin de ———— N°. —— , les travaux ci-dessous indiqués, lesquels correspondent, d'après le tarif ci-dessous mentionnés au montant de cette cote.

Détail des travaux à faire : — Ces travaux devant être terminés avant le ———— 185 jour où il en sera fait réception en votre présence. — Faute par vous d'avoir obtempéré dans les délais prescrits à la présente réquisition, votre cote sera de droit exigible en argent. — Vous devrez porter au lieu des travaux la présente réquisition, que vous ferez quittancer au dos par le fonctionnaire chargé de la surveillance des travaux. — Fait à la Mairie, à ———— le ———— 185 — Le Maire —

Le soussigné, chargé de la surveillance des travaux sur le chemin ———— , certifie que le contribuable dénommé en la réquisition d'autre part, a effectué sur le dit chemin les travaux suivants, savoir : — En conséquence, la cote se trouve déchargée d'autant. — à ———— le ———— 185 .

Pièces administratives

Procès-verbal de réception de la tâche — C C / 213

Le . . . . . , = Nous soussigné, Agent-voyer — nous sommes rendu sur le chemin vicinal, de la Commune de . . . . à l'effet de procéder avec . . . . de Mr. le Maire . . . . et des prestataires à l'examen et à la réception des . . . . . pour les dénommés ci-après :

Art. du rôle	Noms et Prénoms des prestataires	Nombre de journées					Travaux à faire		Travaux effectués		Restes à payer par chaque prestation	Observations
		d'hommes	de chevaux	de paires de bœufs	de charette	Valeur suivant le tarif fixé par le conseil général	Valeur de l'unité le travail	Quantité en mètres	Quantité en mètres	Valeur		
1	2	3	4	5	6	7	8	9	10	11	12	13

Le présent procès-verbal de réception, s'élevant à la Somme de ——— dressé par nous agent-voyer = Montpellier le ——— 185· Vu par le Maire de la Commune de ———

acquis de la tâche — C C / 214

Cet acquit se met au Verso du N.º 212.

feuille d'attachement — C C / 215

Voir le N.º 208.

CC 215 bis

Extrait du rôle de prestations aux chemins vicinaux, pour l'exercice 1861, rendu exécutoire par Mr le Préfet le 8 7bre 1860, le dit extrait comprenant les noms des contribuables qui ont déclaré vouloir acquitter leur taxe en nature.

Relevé sommaire du rôle des prestations

Nombre et désignation des journées portées au rôle général de la prestation (1)	Valeur de chaque journée d'après le tarif du Conseil général (2)	Produit par chaque nature de journées (3)	Totale (4)	Nombre de journées acquittées ou non en nature d'après la déclaration d'option (5)	Produit par chaque nature de journées (6)	Total (7)	Reste en argent pour chaque nature de journées (8)	Total (9)	Observations (10)
213 d'hommes . . .	1 "	213 "		213	213 "		"	"	
216 de chevaux, mulets et mulets	1 25	270 "		216	270 "		"		
36 de paires de bœufs et vaches	1 80	64 80	660 "	36	64 80	660 "	"	"	La colonne 4 égale le total des colonnes 7 et 9
102 de charrettes et de voitures	1 10	112 20		102	112 20		"	"	

Article du rôle (1)	Noms et Prénoms des contribuables qui ont déclaré vouloir acquitter leurs cotes en nature (2)	d'hommes (3)	de chevaux mulets et mulets (4)	de paires de bœufs et de vaches (5)	de charrettes et de voitures (6)	Valeur de ces journées d'après le tarif du Conseil général (7)	Numéro et Nom du chemin où les travaux ont eu lieu (8)	Date des travaux (9)	d'hommes (10)	de chevaux mulets et mulets (11)	de paires de bœufs et de vaches (12)	de charrettes et de voitures (13)	Valeur de ces journées (15)	Quantités de travail exécuté	Valeur de ces quantités (16)	Signature de l'agent voyer cantonal (17)	Observations (18)
1	Thérond Jean	6	6	3	3	22 20	grande Comm.le n° 17	29 Janvier au 1er Février	6	6	3	3	22 20			Defolez	
2	Arnaud fermier	6	6	6	3	27 60	id	id	6	6	6	3	27 60			Defolez	
3	Baille Louis	3	6	"	3	13 80	id	id	3	6	"	3	13 80			Defolez	
4	Bros Jean Pierre	3	3	"	3	10 05	id	id	3	3	"	3	10 05			Defolez	
5	Bruguière Adolphe	6	6	6	3	27 60	id	id	4	4	4	2	16 40			Defolez	
6	Cambon Eugène	15	12	6	3	44 10	id	id	5	4	2	1	14 70			Defolez	
7	Mazel Fois ve Thérond	"	6	"	3	10 80	id	id	"	6	"	3	10 80			Defolez	
8	Mazel Auguste	6	6	"	3	16 80	id	id	6	6	"	3	16 80			Defolez	
9	Mazel Jean Jacques	3	3	3	3	15 45	id	id	3	3	3	3	15 45			Defolez	
10	Pépin Fulcrand	6	6	3	3	22 20	id	id	6	6	3	3	22 20			Defolez	
11	Ricard Baptiste	6	6	6	3	27 60	id	id	6	6	6	3	27 60			Defolez	
12	Arnaud Jacques	3	"	"	"	3 "	id	id	3	"	"	"	3 "			Defolez	
	à Reporter . . .	63	66	33	33	241 20			51	56	27	30	202 60				

1	2	3	4	5	6	7		8	9	10	11	12	13	14		15	16	17	18
	Report....	63	66	33	33	241	20			51	56	27	30	202	40				
13	Arnaud Jn Louis	6	6	"	3	16	80	grande Commⁿ nº 17	22 au 24 Février	6	6	"	3	16	80			Défoletté	
14	Bouys Jn Joseph	3	6	"	3	13	80	id	7 Mars au 30 Août	3	6	"	3	13	80			Défoletté	
15	Bouys Fº	6	6	"	3	16	80	id	id	6	6	"	3	16	80			Défoletté	
16	Bros François	3	3	"	3	10	05	id	id	3	3	"	3	10	05			Défoletté	
17	Bros Etienne	3	"	"	"	3	"	id	id	3	"	"	"	3	"			Défoletté	
18	Bros Joseph	3	"	"	"	3	"	id	id	3	"	"	"	3	"			Défoletté	
19	Bruguière François	3	3	"	"	6	75	id	id	3	3	"	"	6	75			Défoletté	
20	Bruna Jacques	3	"	"	"	3	"	id	id	3	"	"	"	3	"			Défoletté	
21	Carnagnier Guillme	"	6	"	"	7	50	id	id	"	6	"	"	7	50			Défoletté	
22	Cassagne Guillme	3	"	"	"	3	"	id	id	1.75	"	"	"	1	75			Défoletté	
23	Chaptal Etienne	3	"	"	"	3	"	id	id	3	"	"	"	3	"			Défoletté	
24	Combres Pie	6	6	"	3	16	80	id	id	6	6	"	3	16	80			Défoletté	
25	Dumas Jean	3	"	"	"	3	"	id	id	3	"	"	"	3	"			Défoletté	
26	Frontier Joseph	6	"	"	"	6	"	id	id	6	"	"	"	6	"			Défoletté	
27	Lamouroux Auge	3	6	"	3	13	80	id	id	3	6	"	3	13	80			Défoletté	
28	Olivier Antoine	6	6	"	3	16	80	id	id	6	6	"	3	16	80			Défoletté	
29	Olivier Jn Antoine	3	"	"	"	3	"	id	id	3	"	"	"	3	"			Défoletté	
30	Perier Sr et Jn Sr frères	3	6	"	3	13	80	id	id	3	6	"	3	13	80			Défoletté	
31	Rochet Jean	3	"	"	"	3	"	id	id	3	"	"	"	3	"			Défoletté	
32	Roussel Frédéric	3	6	"	3	13	80	id	id	3	6	"	3	13	80			Défoletté	
33	Sabatier Antoine	3	3	"	3	10	05	id	id	3	3	"	3	10	05			Défoletté	
34	Salage Hippolyte	3	"	"	"	3	"	id	id	3	"	"	"	3	"			Défoletté	
35	Salage Guillaume	3	"	"	"	3	"	id	id	3	"	"	"	3	"			Défoletté	
	à Reporter....	144	129	33	63	433	95			129.75	119	27	60	293	40				

1	2	3	4	5	6	7		8	9	10	11	12	13	14		15	16	17	18
	Report....	144	129	33	63	433	95			142.75	119	27	60	393	10				
36	Salager Pierre	3	'	"			3	grande Commune N° 17	du 7 7bre au 30 août	3	"	"	.	3	"			Défolez	
37	Salager Joseph	3	3	"	3	10	05	id	id	3	3	.	3	10	05			Défolez	
38	Salager Jn Baptiste	3	"	"	"	3	"	id	id	3	"	"	"	3	"			Défolez	
39	Salager François	3	"	"	"	3	"	id	id	3	"	"	"	3	"			Défolez	
40	Serre Thomas	3	6	"	3	13	80	id	id	3	6	"	3	13	80			Défolez	
41	Elstrond Jean	3	"	"	"	3	"			"	"	"	"	"	"				
42	Bruguière Antoine	3	6	"	3	13	80	id	id	3	6	"	3	13	80			Défolez	
43	Bruguière Jean	3	3	"	3	10	05	moyenne Commune N° 1	id	3	3	.	3	10	05			Défolez	
44	Bruguière François	6	6	"	3	16	80	id	id	6	6	.	3	16	80			Défolez	
45	Collet Fulcrand	3	3	"	"	6	75	id	id	3	3	"	"	6	75			Défolez	
46	Collet Jean	"	6	"	3	10	80	id	id	"	6	"	3	10	80			Défolez	
47	Collet aîné	3	3	"	"	6	75	ordinaire N° 4	id	2	2	"	o	4	50			Défolez	
48	Jeanjean Jacques	3	6	"	3	13	80	"	"	"	"	"	"	"	"				
49	Jeanjean Pascal	3	3	"	.	6	75	moyenne Commune N° 1	du 7 7bre au 30 août	3	3	"	"	6	75			Défolez	
50	Jeanjean Auguste	3	3	"	3	10	05	id	id	3	3	"	3	10	05			Défolez	
51	Nourrit Fulcrand	6	6	3	3	22	20	"	"	"	"	"	"	"	"				
52	Armand Antoine	3	6	"	3	13	80	moyenne Commune N° 1	du 7 7bre au 30 août	3	6	"	3	13	80			Défolez	
53	Cabane Fulcrand	3	6	"	3	13	80	id	id	3	6	"	3	13	80			Défolez	
54	Cabane Jean	6	9	.	3	20	55	id	id	3	6	"	3	13	80			Défolez	
55	Cabane Eugène	3	6	"	.	10	50	id	id	3	6	"	"	10	50			Défolez	
56	Capagne Antoine	3	6	"	3	13	80	ordinaire N° 4	id	3	6	.	3	13	80			Défolez	
	Totaux...	213	216	36	102	660	.			182.75	190	27	93	571	15				

Je soussigné Percepteur-Receveur municipal de la Commune de Sᵗ Anatole certifie que l'extrait d'autre part, comprenant 56 articles, montant ensemble 213 journées d'homme, 216 journées de chevaux, mules et mulets, 36 journées de paires de bœufs et de vaches, 102 journées de charrettes et de voitures et représentant d'après le tarif une somme en argent de 660ᶠ est conforme, en ce qui concerne les colonnes 1 à 7 tant au rôle de prestations rendu exécutoire par Mᵉ le Préfet le 8 Septembre 1860, qu'aux déclarations des contribuables qui ont déclaré acquitter leur taxe en nature, dont la mention est inscrite dans la 3ᵉ colonne dudit rôle — à Sᵗ Anatole 1ᵉ Décembre 1860 = Le Percepteur Receveur Mᵃˡ = Bonniol

L'Agent-voyer Cantonal de la Circonscription de Montpellier (Nord), certifie que les travaux ont été surveillés et exécutés, conformément à l'article 63 du règlement du 21 Juin 1837 et à l'article 34 de celui du 1ᵉ Mars 1843, que les journées de travail dans les colonnes 8 à 14 ont été bien & dûment effectuées; que leur valeur en argent s'élève, Savoir : —

Pour 182,75	journées d'hommes	à raison de 1ᶠ la journée		182,75
190	— de chevaux, mules et mulets	— 1.25 — dᵒ		237,50
27	— de paires de bœufs et de vaches	— 1,80 — dᵒ		48,60
93	— de charrettes et voitures	— 1,10 — dᵒ		102,30
			Total	571,15

A Montpellier le 17 Septembre 1861 = L'Agent-voyer Cantonal = Defolet

Le Maire de la Commune de Sᵗ Anatole certifie pareillement l'emploi des prestations ci-dessus détaillées, et autorise, sauf l'approbation de Mᵉ le Préfet, le Percepteur Receveur Mᵃˡ à faire dépense dans son Compte de gestion de la somme de Cinq cent septante un francs, quinze centimes, montant des prestations effectuées en nature et à la tâche = A Sᵗ Anatole le 20 7ᵇʳᵉ 1861 = Le Maire. Frd Combret

État récapitulatif de l'emploi des prestations en nature.

Les Prestations exigibles en nature, s'élevaient à la somme de 660ᶠ

Ce produit était applicable ainsi qu'il suit : = Au chemin de grande Communication Nᵒ 17 ____ 440,"

— dᵒ de moyenne — dᵒ — Nᵒ 1 ____ 113.01

aux chemins vicinaux ordinaires ____ 106.99

Total égal ____ 660,"

Il a été acquitté en nature à la journée ou à la tâche : = Sur le chemin de grande Cᵒⁿ Nᵒ 17 ____ 440,"

sur le chemin de moyenne communⁿ Nᵒ 1 ____ 113,01

sur les chemins vicinaux ordinaires ____ 18,14

Montant des prestations acquittées à la journée ou à la tâche ____ 571,15

Reste à recouvrer en argent. = Pour les chemins vicinaux ordinaires ____ 88,85

Total à recouvrer en argent ____ 88,85

Vérifié par l'Agent-voyer ordinaire soussigné =
à Montpellier le 20 7ᵇʳᵉ 1861. = S. Figuer

Vu par l'Agent-voyer en chef de l'Hérault =
Montpellier le 22 Septembre 1861 =
Desroysols

Dressé par l'Agent-voyer Cantonal soussigné =
à Montpellier le 20 7ᵇʳᵉ 1861 . = Defolet

Vu et approuvé par Nous, Préfet de l'Hérault
Montpellier le 24 7ᵇʳᵉ 1861 = Pour le Préfet
Le secrétaire général =
Champel

Emploi de la prestation d'office.

	N°	
Arrêté. indiquant l'époque l'emploi de la prestation commandée d'office.	C.C. 216	Le Préfet, met le Maire de la Commune de ———— en demeure de faire effectuer les prestations dans un délai de 20 jours ; ce délai étant expiré, les cotes sont exigibles en argent.
Publication de cet arrêté.	C.C. 217	Le Maire publie cet arrêté dans les formes ordinaires et convoque à bref délai les prestataires (voir N° 204).

Nomination des Cantonniers.

	N°	
Nomination des cantonniers par le Maire.	C.C. 218	Le Maire de la Commune de . . . ., Vu la loi du 20 Mai 1836 et l'arrêté préfectoral du 30 Octobre 1855 = Arrête : = Le Sieur . . . . est nommé Cantonnier sur les Chemins vicinaux ordinaires (ou bien sur le chemin vicinal ordinaire N°) de la Commune de . . . . à . . . . le . . . 185_ (Signature) = . Vu et approuvé par Nous, Préfet de l'Hérault =
approbation cette nomination	C.C. 219	L'Approbation du Préfet, est ordinairement placée à la suite de l'arrêté pris par le Maire.
Délibération du Conseil M.al relative à son traitement	C.C. 220	S. En 1861 N°. . . . . . le Conseil municipal de la Commune de, ... (Voir les N° 14 ou 19) M.r le Maire expose que dans l'intérêt de la Conservation et de l'amélioration des chemins vicinaux ordinaires de la commune, il est nécessaire de nommer un Cantonnier et propose de voter un crédit pour son traitement. Le Conseil adoptant cette proposition, fixe le traitement à . . . . et vote un crédit de la Somme de . . . ., qui sera inscrit au budget (ou aux chapitres additionnels) de la présente année. = Les délibérants ont signé après lecture faite. = Note.. Cette délibération doit précéder la nomination du Cantonnier.
Circonstances où le Cantonnier doit être présenté par le Maire.	C.C. 221	Si le Cantonnier doit desservir plusieurs Communes, le Maire de chacune d'elles fait sa présentation et le Préfet statue. = Il s'agit alors d'adresser une lettre à ce magistrat.
Nomination par le Préfet.	C.C. 222	(Inutile d'insérer ici l'arrêté de nomination).

Gardes champêtres.

Proposition du Maire pour la nomination d'un garde champêtre — EE/223	S.te Anatole, le 25 Octobre 1860. = Monsieur le Préfet. = La Commune de S.te Anatole désirant avoir un garde Champêtre, j'ose espérer que vous voudrez bien confier ces fonctions au S.r Forestier Louis, âgé de 28 ans, ayant servi 7 ans dans le 25.e de Ligne, domicilié dans la Commune de Brissac. Par délibération du Conseil municipal, en date du premier de ce mois, dont deux expéditions sont ci-jointes, le traitement de ce garde a été fixé à 400 f.r. Je vous prie, Monsieur le Préfet, d'approuver cette Délibération, vous trouverez sous ce pli les états de services du Candidat et les certificats de moralité. = Veuillez agréer, &.c … Le Maire = *Fréd. Comborel*
Délibération du Conseil M.al sur le traitement. — EE/224	L'An 1860 et le premier octobre, le Conseil municipal de la Commune de S.te Anatole réuni (voir le N.o 19) = Monsieur le Maire expose que dans l'intérêt de la conservation des propriétés rurales, il est nécessaire de demander la nomination d'un garde champêtre et propose de voter un crédit pour Son traitement. = Le Conseil fixe ce salaire à 400 f.r et inscrit un crédit de pareille somme à son budget ; mais attendu que les ressources de la Commune sont insuffisantes pour couvrir cette dépense obligatoire, il invite M.r le Maire à réunir le Conseil, renforcé des plus forts contribuables à l'effet de s'imposer extraordinairement. Et ont les délibérants Signé après lecture faite. = Bourra (C Soullié maire (Ivolas adjoint. C. Saltz Fradet S. Cabassut L. Reutre Bernard Widry Fréd. Comborel Maire. Nota: on trouvera la délibération du Conseil renforcé au N.o 225 bis)
arrêté de nomination du Préfet. — EE/225	Inutile de formuler cet arrêté de nomination
Convocation des plus imposés — EE/225 bis	La lettre suivante est adressée à tous les membres du Conseil municipal et à une quinzaine des plus forts Contribuables pris dans l'ordre du tableau = S.t Anatole 20 8.bre 1860 Monsieur, = Veuillez assister à la réunion du Conseil municipal renforcé des plus forts Contribuables de la Commune, qui aura lieu le 1.er Novembre 1860 dans la Salle de la Mairie, à l'effet de voter une imposition extraordinaire pour subvenir au salaire du garde champêtre et à l'insuffisance des revenus. = Agréez &.c … = Le Maire. = *Fréd. Comborel*
Délibération du Conseil Municipal renforcé pour le traitement et pour l'insuffisance des revenus. — EE/225 ter	La délibération suivante doit être adressée au Préfet avec le budget de la Commune. L'an mil huit cent soixante et le 1.er jour du mois d'Octobre, le Conseil municipal de la Commune

Pièces administratives

de Saint Anatole réuni en Session ordinaire, sous la présidence du Maire, et assisté des plus forts contribuables, conformément à l'article 42 de la loi du 18 Juillet 1837 ; = Présents, MM. Frédéric Combres, Maire, Ivolas, adjoint, Michel, Soulier, Raux, Bernard, Cabassut, Mestre, Fesur, Salze & Collet, Membres du Conseil municipal. = Et MM. Chérond Jean, Bruguière Adolphe, Olivier Antoine, Armand Louis, Bonys Joseph, Jeanjean, Nourrit Antoine, Perrier Jean Louis, Collet Jean, plus forts contribuables. = M. le Maire a fait l'appel nominal des Membres qui ont été convoqués. = Le Conseil municipal a constaté l'absence de MM. Mazel Jacques & Tepin P.ᵉ plus forts contribuables. = M.ʳ le Maire a fait observer qu'il a convoqué MM. Bruguière Antoine Bruguière Jean & Jeanjean Jacques, pour remplacer ceux des plus forts contribuables, inscrits sur la liste qui ne se présenteraient pas ; qu'ainsi et par suite de l'absence de plusieurs contribuables premiers inscrits, MM. Bruguière Antoine & Bruguière Jean ont été appelés à prendre part à la délibération. = Le Conseil ayant reconnu que les convocations étaient régulières et que l'assemblée était en majorité pour délibérer, M.ʳ le Maire a déclaré la séance ouverte. = Ce Magistrat a ensuite exposé au Conseil que les ressources de la Commune ne permettaient pas de subvenir à diverses dépenses admises dans le Budget de 1861 ; que, ces dépenses étant indispensables, il conviendrait de suppléer à l'insuffisance des revenus de la Commune au moyen d'une imposition extraordinaire. = Le Conseil = Vu les comptes financiers des Recettes et des Dépenses de 196, rendus tant par le Maire que par le Conseil municipal ; (il n'existe point de comptes financiers puisque la Commune rédige son premier budget) = Vu le Budget proposé pour l'année 1861 ; = Considérant que les recettes proposées dans ce Budget, ne s'élèvent qu'à la somme de . . . .

			3807	63
Savoir : Recettes ordinaires	2640	63		
extraordinaires	1167	"		
Somme égale	3807	43		
Et andque les Crédits proposés pour les dépenses annuelles et extraordinaires, s'élèvent à la Somme de			4420	37
Savoir : Dépenses ordinaires	3253	37		
extraordinaires	1167	"		
Somme égale	4420	37		
D'où suit un excédant de dépense de			612	74

Adoptant les propositions de M. le Président, = Délibéré à la majorité de 15 voix contre 6, qu'il y a lieu d'imposer la commune, jusqu'à concurrence de la Somme de Sixcent=douze francs, Soixante=quatorze centimes. = Savoir : =

Pour subvenir au Salaire du garde champêtre	400	"
Et pour suppléer à l'insuffisance des revenus ordinaires	212	74
Somme égale	612	74

Fait & Délibéré les jour, mois et an que dessus, et ont signé au registre dans l'ordre ci-après indiqué :

Nom des Membres du Conseil municipal en exercice.	Signature des membres du Conseil municipal qui étaient présents à la séance.	Nom suivant l'ordre de leur inscription sur la liste des plus forts contribuables, convoqués pour assister le Conseil municipal	Signature des plus forts contribuables présents à la séance.	Observations.
Cassères Frédéric, Maire	Fd. Cassères	Thérond Jean	J. Thérond	
Prolas, adjoint	Prolas	Bruguière Adolphe	A. Bruguières	
Michel	Michel	Mazel, Jacques		absent.
Poulier	E. C. Poulié	Pépin Fulcran		absent.
Rouzé	Rouzé	Olivier Antoine	Ht. Olivier	
Bernard	Bernard	Arnaud Louis	Arnaud	
Cabassut	L. Cabassut	Bouys Joseph	J. Bouys	
Mestre	H. Mestre	Jeanjean	Jeanjean	
Fadat	Fadat	Mourirt Antoine	A. Mourirt	
Salze	Salze	Perrier Louis	L. Perrier	
Collet	Collet	Collet Jean	J. Collet	
		Bruguière Antoine	A. Bruguière	
		Bruguière Jean	J. Bruguière	
		Jeanjean Jacques		

Nota.. Les pièces à produire à l'appui de cette délibération sont conformes à celles portant les Nᵒˢ 251, 252, 253, 254 & 255. —

Arrêté de suspension du garde par le Maire — E E 226

Le Maire de la Commune de . . . Vu les lois des 6 Octobre 1791 et 18 Juillet 1837 ; — Vu l'ordonnance du 27 Janvier 1815 ; considérant que le Sieur . . . . garde champêtre nous a refusé péremptoirement de prêter son concours pour l'exécution des mesures prises par Nous à l'effet d'empêcher la Contagion de la clavelée, maladie épizootique qui s'est déclarée dans plusieurs troupeaux de la Commune ; — Arrête : = Le Sieur . . . . est suspendu de ses fonctions. Nous déléguons Mᵉ . . . . Notre adjoint, pour procéder à la signification du présent arrêté. = Fait à . . . . le . . . 185 .

Envoi de cet arrêté au Préfet. — E E 227

Monsieur le Préfet, = Le Sieur : . . . . garde champêtre, m'ayant obstinément refusé son concours pour l'exécution des mesures que j'ai ordonnées dans le but d'empêcher la contagion de la clavelée qui se propage dans les divers troupeaux de ma Commune, je l'ai immédiatement suspendu de ses fonctions. = J'ai l'honneur de vous adresser l'arrêté pris à cet effet, espérant que vous voudrez bien l'approuver et que vous n'hésiterez point, après avoir pris connaissance des moyens de défense de ce garde, à prononcer sa révocation. = Veuillez agréer, &ᶜ. ......

Moyens de défense du garde.	E E 228	Les moyens de défense étant rédigés par le garde, nous n'avons pas à nous en occuper.
Révocation	E E 229	Le Préfet prend un arrêté de révocation, s'il y a lieu, l'adresse au Maire qui le signifie administrativement au garde.

Registre à tenir le garde	E E 230	

Numéros	Dates des procès-verbaux	Nature des procès-verbaux	Noms, Prénoms et Domiciles des délinquants	Date de l'affirmation	Date de l'enregistrement	Date de la remise de qualité des fonctionnaires

Procès-verbaux, affirmation, enregistrement.	E E 231

L'An .... et le ...., à .... heures du ...., Nous ...., garde champêtre de la Commune de .... dûment assermenté et portant le signe caractéristique de nos fonctions ; avons trouvé dans .... le sieur ...., occupé à ..... (bien expliquer en quoi consiste le délit). Lui ayant demandé ses nom et prénoms, il nous a répondu se nommer ..... demeurant à ..... exercer la profession de .... Lui ayant déclaré qu'il était en contravention formelle aux lois ou à l'arrêté du ....., il nous a répondu ....; et, attendu la contravention, nous l'avons prévenu que nous allions dresser procès-verbal, et l'avons invité à assister à sa rédaction et à le signer ; ce à quoi il a obtempéré (ou ce qu'il a refusé de faire). = Ce procès-verbal a été clôturé à ...., heures du ...., pour servir et valoir ce que de droit et l'avons signé. = (Acte d'affirmation) = Par devant Nous ...., juge de paix du canton de),(ou suppléant du juge de paix, ou Maire de ...) est comparu le sieur ...., garde champêtre de la Commune de ..., lequel, après avoir entendu la lecture que nous lui avons faite du précédent procès-verbal, l'a affirmé sous serment sincère et véritable et a signé avec Nous. = À ... le ... mil. huit ...., à .... heures du .... (signature du garde) = Signature du Juge de paix. = Enregistré à &ᶜ. ....

Déclaration remplaçant le procès-verbal, affirmation, enregistrement.	E E 232

L'An .... et le ...., à ... heures du ...., par devant Nous, Juge de paix (ou suppléant, ou Maire &ᶜ.) est comparu ..... garde champêtre de la Commune de ...., y demeurant ; lequel nous a rapporté qu'aujourd'hui vers .... heures du ....; étant à ... il a vu ou trouvé (rapporter les faits avec toutes les circonstances). = De tout quoi il est venu aussitôt nous faire le présent rapport, dont nous lui avons donné lecture, et qu'il a affirmé, par serment, être en tout conforme à la vérité et a signé avec Nous (ou bien n'a pu signer parce qu'il est illettré ou &ᶜ. ....). = Enregistré à ..... le ..... mil. huit. &ᶜ. ....

Transmission du procès-verbal	EE / 233	Envoi de ce procès-verbal par le garde au Commissaire de police ou au Maire du chef-lieu du Canton, s'il s'agit de simples observations.
Deux.	EE / 234	Envoi de ce procès-verbal par le garde au procureur Impérial, s'il s'agit de délits correctionnels.

Construction d'une Mairie et d'une maison d'École.

Délibération du Conseil Mpal approuvant le projet en principe et les voies et moyens, consistant en 1ᵉ une Imposition extraordinaire, 2ᵉ la vente d'un terrain Communal, 3ᵉ la vente d'une coupe extraordinaire de bois et 4ᵉ la demande d'un secours.	HH / 235	L'An mil huit cent-Soixante et le deux Novembre, le Conseil municipal de la Commune de Ste Anatole réuni &c... (voir le No 19) Mr le Maire a dit: MM., « Nos recherches ayant été jusqu'à ce jour infructueuses pour affermer des locaux convenables, à l'effet d'y établir l'école Communale pour les deux Sexes, le logement de l'instituteur et la Mairie, nous sommes dans l'obligation d'acheter une maison ou d'élever des Constructions. Le premier moyen nous a paru inexécutable à cause des prétentions trop élevées des propriétaires, nous avons dès lors fait choix d'un emplacement longeant l'avenue du village du côté du midi, attenant à la maison d'habitation de Mr Armand Louis, qui nous a fait l'offre de vendre à la Commune et à l'amiable, le terrain nécessaire à ces constructions = D'après un avant-projet rédigé par Mr Bouisson architecte de notre arrondissement, la dépense s'élèvera à environ 6000 fr. Ne pouvant disposer d'aucune ressource du budget, nous avons l'honneur de vous proposer d'y pourvoir au moyen: 1ᵉ d'une imposition extraordinaire de 2000 fr. recouvrable en plusieurs annuités; 2ᵉ du produit de l'aliénation d'un terrain Communal, appelé garrigue de Saban, faisant partie de la Section C du plan cadastral et portant le No 28; 3ᵉ du produit encore de la vente d'une coupe extraordinaire de bois, au tènement de Puechtort, No 54 de la Section C et 4ᵉ d'un secours que nous solliciterons de l'État et du Département. = Le Conseil municipal reconnaissant l'absolue nécessité d'effectuer cette dépense, approuve en principe le projet présenté par Mr le Maire ainsi que les voies et moyens pour parvenir à son exécution et l'autorise à traiter de gré à gré avec le propriétaire du terrain nécessaire à la Construction de cet édifice Communal. - Salz, L. Mestre, Baux, C. Souli[é], Michel, Trobas, adjt., Toulette, Cabassut, Bernard, Faiat, Fulcrambert, &c.
Approbation du Préfet en principe	HH / 236	Cette délibération ayant été adressée au Préfet, ce magistrat l'approuve en principe, s'il y a lieu et autorise le Maire à poursuivre l'exécution du projet.
Les formalités pour les travaux et acquisition du sol sous les suivantes. Rédaction du plan	HH / 237	L'Architecte doit dresser un plan qui varie nécessairement, suivant les localités et les emplacements.
dᵒ du devis	HH / 238	Même observation qu'au No 237.
Plan figuratif et cadastral	HH / 239	Même observation qu'au No 237.

Demande au Préfet de nommer un expert — HH/239 bis	C'est une simple lettre à adresser au Préfet que nous nous dispensons de formuler.

Expertise du terrain à acquérir — HH/240	L'An Mil huit cent soixante et le 15 Novembre, nous, Soussigné Louis Bonne, expert nommé par arrêté de Mr le Préfet en date du 10 de ce mois, nous sommes rendus à Sᵗ Anatole à l'effet d'estimer un terrain que le Sieur Louis Arnaud offre de vendre à la Commune. Ce terrain porte le N°24 de la Section C de la matrice Cadastrale, confronte du Nord, du Couchant, du levant le vendeur et du midi l'avenue du Village; il est clos de murs. — Sa Superficie est de 25 mètres en longueur sur 30 en largeur; total 750 mètres. Après avoir recueilli tous les renseignements nécessaires à notre appréciation, nous l'avons évalué à la Somme de 300 francs. En foi de quoi nous avons dressé le présent procès-verbal, pour Servir et valoir ce que de droit. — L. Bonne

---

Promesse de vente — HH/241	Je Soussigné Louis Arnaud, propriétaire demeurant à Sᵗᵉ Anatole, déclare adhérer à l'estimation faite par Mr Louis Bonne, expert nommé par Mr le Préfet, laquelle estimation porte à la Somme de trois cents francs le prix de 750 mètres d'un terrain n'appartenant clos de murs, confrontant du Nord, du Couchant et du levant mes autres propriétés et du midi l'avenue du Village, portant le N° 24 de la Section C de la matrice Cadastrale. Je m'engage en Conséquence à vendre le dit terrain à la Commune et à passer acte notarié à ses frais, aussitôt qu'elle aura été autorisée à faire cette acquisition. — A Sᵗ Anatole le 15 9ᵇʳᵉ 1860 = L. Arnaud

---

Les formalités pour la vente projetée sont les Suivantes: Estimation du terrain communal à vendre — HH/242	Ce terrain est estimé par l'expert à 1200ᶠ. (voir le N° 240)
Plan figuratif des lieux — HH/243	(Même observation qu'au N° 237.)
Cahier des charges pour la vente — HH/244	(Voir N° 43)
Délibération du Conseil Municipal qui approuve définitivement le projet et vote les ressources. — HH/245	L'An mil huit cent soixante et le 23 Décembre, le Conseil municipal de la Commune de Sᵗ Anatole réuni extraordinairement &c (voir le N° 14). Mr le Maire a dit: = Mᵐ par votre délibération du 2 Novembre dernier vous avez voté en principe, la Construction d'une Mairie et d'une maison d'école pour les Deux Sexes, accepté les voies et moyens qui vous ont été proposés pour couvrir cette dépense, et vous m'avez autorisé à traiter de gré à gré avec le propriétaire du Sol nécessaire pour élever ces constructions. Veuillez prendre Communication du Dossier de cette affaire que je dépose sur le bureau = Le

conseil, après un mûr examen, considérant que le projet est très bien approprié aux besoins de la Commune; Considérant que la Dépense s'élèvera à la Somme de 5600ᶠ, dont 300ᶠ pour l'emplacement et 5300ᶠ pour les constructions, le litige. Le projet présenté par Mᵉ le Maire pour la Construction d'une Mairie & d'une maison d'école pour les deux Sexes est approuvé; et aussi approuvé le traité de gré à gré passé entre ce magistrat et le Sieur Armand pour la valeur du terrain à acquérir; il sera pourvu à la dépense, 1° par une imposition extraordinaire de 2000ᶠ recouvrable en 3 annuités, Savoir, la première en 1861 de 667ᶠ, la seconde en 1862 de pareille Somme et la 3ᵉ en 1863 de 666ᶠ ci 2000ᶠ

2° par le produit de la vente du Terrain Communal, appelé garrigue du Laban, portant le Nᵒ 28 de la Section O du plan Cadastral, estimé 1200ᶠ ci 1200,,

3° par le revenu d'une Coupe extraordinaire de bois au ténement de pueschtort portant le Nᵒ 54 de la Section A, estimé 1000ᶠ ci 1000,,

Et 4° par un secours de 1400ᶠ à demander à l'État & au Département ci 1400,,

Total égal à la dépense ci 5600,,

En conséquence, le Conseil prie Mᵉ le Préfet 1° d'approuver le projet, le traité de gré à gré, et la vente du Terrain communal 2°. de provoquer auprès de l'administration forestière l'autorisation de vendre la coupe extraordinaire de bois; 3° de Demander à Son excellence, Mᵉ le Ministre de l'Instruction publique un secours en faveur de la Commune, et dans le cas où ce secours ne s'élèverait pas à la Somme de 1400ᶠ, de vouloir bien le Compléter au moyen des fonds Départementaux, mis à sa disposition pour aider les Communes pauvres. Le Conseil ose espérer que ce magistrat prendra en Considération la position financière si précaire de la Commune et les nombreux Sacrifices qu'elle s'impose. Il est de Son Devoir de lui faire observer qu'indépendamment de ce vote de 2000ᶠ, recouvrable en trois annuités et représentant une imposition extraordinaire d'environ 15 Centimes, au principal des quatre Contributions directes, elle est dans l'obligation d'émettre un emprunt dont l'amortissement aura lieu au moyen d'une autre imposition de cinq centimes pour couvrir la dépense d'établissement d'un Cimetière et qu'elle a même recours à les Souscriptions volontaires en argent et en nature pour rendre son presbytère habitable. = Et ont les délibérant signé après lecture faite. = Gros adjoint

Collet Salze E. Matte Vaur C. Souilié Favet F. Cabanet Bernard M. .... Maire

(. Voir le Nᵒ 225 bis et convoquer au moins 10 jours à l'avance)

Voir le Nᵒ 225 ter et indiquer le motif de l'imposition extraordinaire et la somme votée par le Conseil

Envoi au Préfet du dossier	HH 248

Lettre au Préfet, indiquant sous un N° d'ordre toutes les pièces que le Maire lui adresse.

Certificat du Conservateur des hypothèques.	HH 249

Le Certificat est rédigé par le Conservateur des hypothèques.

État de situation de la Caisse municipale	HH 250

Cet état est négatif puisque la Commune de St Anatole procède à la rédaction de son premier budget; nous insérons cependant le formule ci-après: =

Actif.

Reliquat final de l'exercice 18.. Clos au 31 Mars 18. . . . . . .
Recettes pour l'exercice 18..
Exercice 18.. { Recettes faites en . . . . . 18. . . . . . .
{ Celles restant à faire. S'élevant à . . . . .
Total de l'Actif. . . . .

Passif.

Exercice 18.. {
Dépenses Ordinaires { Acquittées . . . . .
{ restant à Acquitter. . . .
d° extraordinaires { Acquittées . . . . .
{ restant à acquitter. . . .
d° Supplémentaires { Acquittées . . . . .
{ restant à acquitter. . . .

Exercice 18.. {
Dépenses ordinaires { Acquittées . . . . .
{ restant à acquitter. .
d° extraordinaires { Acquittées . . . . .
{ restant à acquitter. . .
d° Supplémentaires { Acquittées . . . . .
{ restant à acquitter. . . .

Reste disponible . . . .

Certifié exact par le Percepteur Soussigné. = Vérifié et reconnu exact par Nous, Ce jourd'hui . . . . 18. .   Maire de la Commune. . . . . à . . le . . . 18. .

Certificat du Maire Chiffre de la population Conseillers municipaux N° . . .	HH 251

Le Maire de la Commune de St Anatole Certifie 1°. que le chiffre officiel de la population de la Commune est de 420 habitants; 2°. que le nombre des membres du Conseil municipal en exercice est de onze; 3°. et que le Maire a été pris en dehors du Conseil municipal. = Saint Anatole le 25 Décembre 1860 = Le Maire =

Liste des plus imposés.	HH/252	(Copier la liste insérée au N°. 70)
Certificat du Maire relatif à la convocation des plus imposés.	HH/253	Le Maire de la Commune de Saint-Anatole Certifie que les plus imposés présents dans la Commune ont été convoqués Dans l'ordre Du tableau, dix jours à l'avance, en nombre égal à celui des membres du Conseil municipal en exercice et que même trois autres de plus ont été aussi Convoqués en suivant toujours l'ordre du tableau, afin de remplacer, au besoin, ceux qui ne se présenteraient point = St Anatole le 25 Décembre 1860. = Le Maire = *[signature]*
Certificat relatif aux impositions Comm.les &c	HH/254	Le Maire et le Receveur municipal De la Commune de St Anatole certifiant 1° que cette Commune n'est grevée d'aucune imposition extraordinaire dont le produit Soit recouvrable pendant l'année 1861; 2° qu'elle n'a Contracté aucun emprunt, 3° qu'elle n'a pas de Dettes, et 4° qu'elle n'a aucuns fonds placés pour Son compte au Trésor public = A St Anatole le 25 Décembre 1860 = Le Receveur municipal Bonniols = Le Maire = *[signature]*
Budget et chapitres additionnels	HH/255	Il faut envoyer une expédition de ces deux pièces, mais attendu que notre Commune rédige son premier budget, Nous ne pouvons adresser les chapitres additionnels, qui n'existent point encore
Nomination d'un commissaire enquêteur pour l'acquisition et les ventes projetées.	HH/256	Si le Préfet approuve, il prend un arrêté de nomination d'un Commissaire enquêteur. (inutile de rédiger cet arrêté.)
Affiches de l'enquête de commodo et incommodo sur l'acquisition.	HH/257	(Voir le N° 23).
Procès-verbal d'enquête sur cet objet	HH/258	(Voir le N° 24).
Affiches de l'enquête de commodo et incommodo sur la vente.	HH/259	Cette affiche doit être faite le même jour que la précédente (voir le N° 23).
Procès-verbal d'enquête pour cet objet	HH/260	Voir le N° 24.
Envoi au Préfet de ces deux enquêtes.	HH/261	Lettre au Préfet pour lui adresser ces deux enquêtes.

HH/262 — Nous n'avons relaté cette pièce que pour mémoire.

HH/263 — Le Préfet, s'il y a lieu, renvoie au Maire le dossier revêtu de son approbation.

II/264

Établissement d'un cimetière.

L'An mil-huit-cent=soixante & le vingt=cinq Septembre, le Conseil municipal de la Commune de Ste Anatole, réuni extraordinairement &ª ... (Voir le Nᵒ 14): Mᵉ le Maire a Dit: Messieurs, l'érection du hameau de Ste Anatole en Commune nécessitant l'établissement d'un cimetière, nous avons fait choix d'une parcelle de terrain d'environ 20 ares appartenant au Sieur Fulcrand Cabane, désignée par le Nᵒ 46 de la Section D du plan cadastral, distante de toute habitation, d'environ 50 mètres et située au Nord du village dans un sol profond et perméable. D'après les renseignements fournis par des hommes compétents, nous avons lieu de croire que les frais d'acquisition du Sol & les constructions ne dépasseront pas 2000 fr. Nous ne pourrons vous proposer de faire cette dépense au moyen d'une imposition extraordinaire recouvrable en 1861 : ce serait augmenter nos contributions d'environ 20 centimes qui ajoutés aux 15 centimes déjà votés pour la construction d'une mairie et d'une maison d'école pour les deux Sexes, élèverait à 35 centimes la charge à supporter par la Commune pour nos travaux extraordinaires. Cependant vu l'urgence de créer un tel établissement, nous atteindrons ce but si désirable en votant un emprunt remboursable dans un certain nombre d'années et en sollicitant un secours auprès de l'État et du Département. = Le Conseil approuve en principe ces dispositions, l'autorise le Maire à faire dresser le plan, le devis, à traiter de gré à gré avec le propriétaire du Sol nécessaire pour cet établissement, & enfin à remplir toutes les formalités pour terminer cette affaire avec toute la célérité désirable. Et les délibérants ont signé après lecture faite. = Soullié Michel, Frotas adjoint, Collet, Salis, H. Maître, Rouan, Bernard, Fred Combes Maire, Fadat, L. Cabassut.

II/265 — Si le Préfet approuve il fait connaître au Maire l'expert qu'il a choisi pour estimer & vérifier le terrain à acquérir.

II/266 — Voir le Nᵒ 156 = L'expert ajoutera de plus dans Son procès-verbal qu'il a fait opérer les fouilles et indiquera la profondeur du Sol et sa nature.

II/267 — L'Architecte étant chargé de ce travail, nous le mentionnons ici pour mémoire.

Rédaction du Devis.	II / 268	Même observation qu'au N° 267.
Calque du plan d'ensemble du village	II / 269	Même observation qu'au N° 267.
Plan parcellaire	II / 270	Même observation qu'au N° 267.

Tableau d'amortis... et d'am... em... int — II / 271

Années de la durée de l'emprunt	Produits des ressources ordinaires de chaque année à l'amortissement de l'emprunt — Centimes additionnels		Application des ressources affectées chaque année à l'amortissement — Paiement des intérêts à 5 p% au 31 Décembre		Remboursement des Capital emprunté	Total par année du Capital et intérêts égal au produit des ressources données	Observations
1162	250		75. "		175. "	250. "	
1863	250		66.25		183.75	250. "	
1864	250		57.05		192.95	250. "	
1865	250		47.40		202.60	250. "	
1866	250		37.25		212.75	250. "	
1867	250		26.65		223.35	250. "	
1868	325		15.40		309.60	325. "	
	1825		325 "		1500. "	1825. "	

Dressé par le Maire de la Commune de Ste Anatole en conformité des instructions Ministérielles. Le 5 Décembre 1860 =   *[signature]*

Approbation définitive du conseil m.al qui vote aussi l'expropriation pour cause d'utilité publique.	II / 272

L'An mil huit cent soixante   Et le quinze octobre, le Conseil municipal de la Commune de Ste Anatole, réuni extraordinairement (Voir le N° 14) Mr. le Maire a dit : MM. par votre Délibération du 25 Septembre Dernier, vous avez décidé la création d'un cimetière dont la dépense serait couverte au moyen d'un emprunt et d'un Secours à demander au Département. Nous avons fait rédiger toutes les pièces nécessaires à la réalisation de ce projet ; nous les déposons sur le bureau, et nous avons l'honneur de vous prévenir que nos démarches faites et réitérées, pour obtenir du propriétaire du Sol une cession amiable, ont été Constamment infructueuses. = Le Conseil, vu les plans, le devis, le procès-verbal d'estimation et le Tableau d'amortissement de l'emprunt, des quels il résulte que la dépense s'élève à 2125 fr. Savoir : 1600 fr. pour les Constructions, 200 fr. pour l'achat du terrain et 325 fr. pour les intérêts de l'emprunt ; = Considérant que l'emplacement appartenant au Sr. Cabane est le seul dans la Commune où l'on puisse pratiquer des fouilles à une profondeur d'au moins deux mètres sans attendre le roc; délibère : 1° le projet présenté par Mr. le Maire est approuvé; 2° l'acquisition des terrains sera faite par voie d'expropriation pour cause d'utilité publique; 3° il sera pourvu à la dépense par un emprunt de 1500 fr. remboursable suivant le tableau d'amortissement au moyen d'une imposition extraordinaire de 250 fr. pendant 6 années et de 325 fr. pour la septième, et 4° Mr. le Préfet est prié de vouloir bien accorder un secours à la Commune, de 625 fr. pour compléter cette dépense. Il prend la liberté de faire observer à ce magistrat qu'elle a été dans la nécessité de s'imposer environ 15 centimes additionnels pour la Construction d'une Mairie et d'une maison d'école pour les deux Sexes, dépense devenue obligatoire par suite de l'impossibilité d'affermer des locaux convenables pour cet établissement et que même pour éviter de surcharger les contribuables, les propriétaires les plus aisés ont fait une souscription volontaire à l'effet de réparer le presbytère. = Les délibérants ont signé après lecture faite. =

M. Martin   Ct. Souillé   Michel   Nicolas adjoint
Collet   Salze   Faiget   S. Calvet   Bernard   Td. Combes Maire

Convocation du Conseil renforcé, pour voter l'emprunt projeté	II—273	Le Maire après avoir demandé au Préfet l'autorisation de réunir le Conseil municipal renforcé des plus imposés, adresse à chaque Conseiller une lettre de convocation conforme à celle contenue au N° 225 bis)
Délibération de ce Conseil municipal qui vote l'emprunt et approuve le tableau d'amortissement.	II—274	(Voir 225 ter) et informer seulement que le Conseil vote un emprunt remboursable conformément au tableau d'amortissement au moyen d'une imposition extraordinaire de 250 fr. pendant 6 années à partir de l'année 1863 et de 325 fr. pour la septième.
Chiffre de la population de la Commune et nombre des vices	II—275	(Voir le N° 105)
Pièces à transmettre au Préfet pour le vote de l'emprunt.	II—276	Les N° 264, 266, 267, 268, 269, 270, 271, 272, 274, 275, de plus les pièces conformes aux modèles N° 250, 251, 252, 253, 254 & 255 relatifs aux impositions extraordinaires.
idem pour obtenir la déclaration d'utilité publique.	II—277	Il faut adresser une copie des pièces ci-dessus et de plus le N° 278 ci-après.
Mémoire du Maire	II—278	Le Maire de la Commune de St. Anatole certifie que des fouilles ont été pratiquées dans un grand nombre de pièces de terre lui paraissant au premier abord réunir toutes les conditions requises pour y établir des sépultures et que partout on a découvert le roc à environ un mètre de profondeur, que l'emplacement choisi par le Conseil M.al,

Sur la proposition, est le seul qui puisse convenir et qu'il n'en existe pas d'autre dont la Commune ait la libre possession, soit par un droit de propriété; soit par la faculté qu'elle aurait de l'acquérir amiablement. = Sᵗᵉ Anatole le 31 Novembre 1860 = Le Maire. = [signature]

Nomination d'un commissaire enquêteur sur l'utilité publique	II / 279	C'est un arrêté du Préfet portant Nomination de le Commissaire.
Affiche de cette enquête à commodo et incommodo, sur l'utilité ou expropr., le choix de l'enquête et l'achat personnel d'expropr.	II / 280	Voir le Nº 86
Procès verbal de cette enquête	II / 281	Cette enquête doit durer 3 jours (Voir pour la rédaction le Nº 60)
Délibération du Conseil mal sur les oppositions	II / 282	Inutile de rédiger cette délibération, on trouvera la formule aux Nᵒˢ 88 & 89.
Certificat d'affiches et Nº du journal	II / 283	Voir Nº 55 et joindre au dossier un Nº du journal où l'on aura prévenu le public du jour fixé pour l'enquête
Décret autorisant l'emprunt ou déclarant l'utilité publique.	II / 284	Cette pièce est indiquée ici pour mémoire, nous ne devons point la rédiger.
Notification au Maire.	II / 285	Le Préfet en adresse une expédition au Maire.
Enquête pour parfaire de l'expropriation.	II / 286	Cette enquête est faite dans les mêmes formes indiquées aux Nᵒˢ 53, 54 & 60.
Avis au propriétaire intéressé	II / 287	C'est une lettre à adresser au propriétaire pour le prévenir du jour de l'ouverture de l'enquête. Inutile de la rédiger.
Insertion dans un journal	II / 288	Formalité indiquée ici pour mémoire.
Délibération du Conseil mal sur les oppositions contenues dans l'enquête.	II / 289	Les formules sont aux Nᵒˢ 88 & 89.
Envoi au Préfet	II / 290	Adresser au Préfet les Nᵒˢ 286, 287, 288, 289, le certificat d'affiches et publications conformes aux Nᵒˢ 55 & le suivant.
Certificat relatif aux nouvelles démarches faites auprès du propr. pour la session amiable	II / 291	C'est un simple certificat, constatant que de nouvelles tentatives ont été faites par le Maire auprès du propriétaire pour obtenir un traité à l'amiable et qu'elles ont été infructueuses. (inutile de le rédiger)

Inscrit ici pour mémoire.

— ind⎬ que ci-desus.

᠎(idem)

(idem)

(idem) C'est une lettre de Préfet qui autorise l'exécution des travaux.

Réparations au presbytère — Souscriptions volontaires. =
La Devis s'élève à 750ᵈ

Le Montant de Cette appréciation, faite par l'architecte est de 108ᶠˢ =

Noms et Prénoms.	Signature des souscripteurs ou Signée de prés. par eux et attestation par deux de te noms, qu'il ne savent pas signer, et qu'ils ont souscrit pour la Somme portée dans la colonne ci-contre.	Montant de la Souscription	Émargement des payements par le Receveur municipal.
Émilius Frédéric	Fréd. Lombez	50,ᵈ "	
Ivolas	Ivolas	30, "	
Cabane Jean	Cabane	15, "	
Soulier	C. Soullié	7, "	
Mestres	E. Mestre	10, "	
Fadat	Fadat	10, "	
Collet	Collet	20, "	
Total		142,ᵈ "	

Le Maire de la Commune de St Anatole arrête la présente Souscription à la Somme de
Cent quarante deux francs. = à St Anatole le 10 7ᵇʳᵉ 1860 = Le Maire = Fréd. Lombez
Vu & rendu exécutoire la présente Souscription pour la Somme de Cent quarante deux francs.
Sur le Receveur municipal est chargé d'opérer le recouvrement, conformément aux dispositions de
l'article 83 de la loi du 18 Juillet 1837. = Montpellier le 15 9ᵇʳᵉ 1860 = P. le Préfet & par délégation
Le Secrétaire général:
Vanneẏ

Liste pour les souscriptions en nature — I L / 300

Liste des habitants qui ont déclaré s'engager à concourir à la dépense au moyen de souscriptions en nature, et à verser, dans la Caisse municipale, le prix équivalant à l'évaluation de leur souscription, dans le cas où, après en avoir reçu l'invitation de Mʳ le Maire, ils ne fourniraient pas leurs prestations.

Noms et Prénoms des Souscripteurs	Signature des souscripteurs ou signe tracé par eux, et attestation par deux témoins qu'ils ne savent pas signer, et qu'ils ont souscrit pour les valeurs ci-contre	Nature de la Souscription			Évaluation en argent				Total des évaluations	Émargement des payements par le Receveur Municipal
		Désignation des matériaux qui seront apportés à pied d'œuvre	Nombre de journées		des matériaux	Des journées				
			d'homme	de bête de somme	de charette avec attelage		d'homme	de bête de somme	de charette avec attelage		
Michel	Michel	9 culées de pierres	"	"	"	18,"	"	"	"	18,"	
Raux	Raux	9 culées de pierres	"	"	"	18,"	"	"	"	18,"	
Soulier	C. Soullié	6 culées de pierres	"	"	"	12,,"	"	"	"	12,,"	
Bernard	Bernard	8 culées de sable	"	"	1/2	12,,"	"	"	5,"	17,"	
Cabassut	L. Cabassut		5,,,	"	1/2	"	10,"	"	5,"	15,"	
Mestre	C. Mestre		5	"	"	"	10,,"	"	"	10,,"	
Fadat	Fadat		"	"	1	"	",,"	"	10,"	10,"	
Salze	Salze		4	"	"	"	8,"	"	"	8,"	
			60,"	28	"	20,"	108,"				

Le Maire de la Commune de Sᵗ Anatole, = Vu la présente liste de Souscriptions en nature, = Arrête ainsi qu'il suit le résultat de ces Souscriptions :

14 journées d'homme, évaluées à la Somme de . . . . 28ᶠ "ᶜ

1/2 de bête de somme, évaluée à . . . . " "

2 id. de charette avec attelage, évaluée à . . . . 20 "

Matériaux Divers évalués à . . . . 60 "

Total . . . . 108 "

À Sᵗ Anatole le 10 7ᵇʳᵉ 1860 = Le Maire. [signature]

Vu rendu exécutoire la présente Souscription, pour la Somme totale de Cent huit francs dont le Receveur Municipal de la Commune de Sᵗ Anatole opérera le recouvrement, conformément à l'article 63 de la loi du 18 Juillet 1837, dans le cas où, après avoir été mis en demeure, les souscripteurs ne fourniraient pas leurs prestations en nature. = Montpellier le 15 Novembre 1860 = Pour le Préfet, Le Secrétaire Général délégué. = Chanel [signature]

Délibération du Conseil Municipal — I L / 301

L'An Mil. huit cent soixante, et le vingt-cinq septembre, le Conseil Municipal de la Commune de Sᵗ Anatole réuni en session ordinaire &c . . . (voir le Nᵒ 14), Mʳ le Maire a dit MM., = Ayant reconnu l'indispensable nécessité de réparer le presbytère, pour le rendre habitable, nous avons fait dresser un devis par M.º l'Architecte de l'arrondissement, mais en présence de la situation financière si défavorable de la Commune, et les impositions extraordinaires qui pèsent sur elle, nous avons compris qu'il fallait se procurer une ressource exceptionnelle pour couvrir immédiatement cette dépense, c'est à dire d'avoir recours à des souscriptions volontaires en argent et en nature. À cet effet nous avons prié M.º l'Architecte d'inscrire à la suite de son devis une appréciation détaillée des charrois, des fournitures de matériaux, du nombre de journées de maçon, d'ouvriers auxiliaires nécessaires pour l'exécution des travaux. Connaissant ainsi ceux que nous pourrions faire exécuter par les habitants et le numéraire à mettre à notre disposition, ces souscriptions ont été recueillies; elles s'élèvent à une somme égale au sous-détail présenté par M.º l'architecte. Veuillez M.º les accepter et approuver le devis; nous demanderons ensuite à M.º le Préfet l'autorisation de faire exécuter les travaux par voie de régie administrative. = Le Conseil sanctionne à l'unanimité, les propositions de M.º le Maire. = Les délibérans ont signé après lecture faite.

Salze   De Moulis   Racos   C. Soullié   Fobas   adjoint
Colfet   Fadat   Cabrissus   Fernand Riché   H. Cambrès   Maire

Lettre du Préfet qui autorise les travaux et rend exécutoires les souscriptions (Voir le final des N.ºs 299 & 300.)

Autorisation du Préfet pour exécuter les travaux par voie de régie administration et autre.

Pièces administratives
pour les affaires qui ont été traitées dans les administrations du titre 2 du Budget.

Admission des malades et incurables indigents dans les hospices dépositaires.

Invitation du Maire à un hospice dépositaire pour une admission	XLIII 303	En exécution de la loi du 7 Août 1851 et de l'arrêté du Préfet de l'Hérault à la date du 21 Octobre 1852, le Maire de la Commune de.... invite la commission de l'hospice de.... à recevoir dans cet établissement le Sieur.... (il faut indiquer aussi exactement que possible, les nom, prénoms, âge, profession et domicile du malade, son état d'indigence) pour y être traité de... (indiquer la maladie), dont la durée sera probablement de.....
Certificat d'un médecin	XLIII 304	Le médecin doit constater la maladie et la durée autant que possible. S'il s'agit d'un incurable, ou d'un vieillard il constate les diverses infirmités qui le rendent impropre à tout travail.
Délibération du Conseil municipal	XLIII 305	S'il s'agit d'un indigent malade dans une commune où il existe un hospice, la délibération du conseil municipal portera que la commune s'engage à payer le contingent qui lui a été assigné par l'arrêté du Préfet en date du 28 8bre 1852. Si la commune ne possède point d'établissement hospitalier cette délibération portera vote ou refus motivé de payer ce contingent. Il en sera de même dans tous les cas à l'égard des incurables ou des vieillards.
Enfant exposé, trouvé ou délaissé	XLV 306	Admission des enfants assistés dans l'hospice dépositaire — L'enfant porté directement à l'hospice en cas d'urgence, est reçu provisoirement; son admission définitive est prononcée par un arrêté préfectoral — Si l'admission est demandée par le Maire, il adresse au Préfet : 1° le procès-verbal d'exposition rédigé par l'officier de justice ou de police ou par lui-même en exécution de l'art. 58 du code Napoléon ; (copie de ce procès-verbal doit être immédiatement envoyée au procureur Impérial) 2° les effets trouvés avec l'enfant ou lui appartenant; 3° l'acte de naissance établi en conformité de l'article précité. — Le Préfet prononce l'admission.
Enfant légitime abandonné	XLV 307	Il faut produire : 1° l'acte de naissance, 2° un certificat du Maire constatant que les père et mère ont réellement disparu ; qu'ils n'ont rien laissé pour pourvoir à l'existence de l'enfant ; qu'on ne sait ce qu'ils sont devenus ; (ou bien indiquer le lieu de leur domicile ou résidence présumée) que les ascendants sont morts ou dans l'impossibilité de fournir des aliments et qu'aucun collatéral ou qu'aucun ami n'a voulu s'en charger.
Enfants de parents détenus dans une prison.	XLV 308	1° l'acte de naissance, 2° un certificat du procureur Impérial attestant la détention du père et de la mère, ou un extrait du registre d'écrou ; 3° un certificat du Maire constatant l'indigence de l'enfant et l'impossibilité de recourir aux ascendants, collatéraux ou amis. Si la détention a lieu dans une maison centrale, on produira un certificat du Directeur de cet établissement.

Enfants de parents traités dans un hospice.	XLV — 309	Il faut produire les pièces ci-contre et remplacer le certificat du Procureur Impérial par celui de l'un des administrateurs de l'hospice, constatant que les parents de l'enfant s'y trouvent réellement.
Enfant né hors mariage	XLV 310	1° l'acte de naissance ; 2° un certificat du Maire constatant que la mère est dans l'impossibilité absolue de garder son enfant par l'un des motifs suivants : Son indigence, sa position particulière, ses infirmités régulièrement constatées par un médecin ou enfin son immoralité.
Orphelin pauvre	XLV 311	1° l'acte de naissance, 2° les actes de décès des père et mère ; 3° un certificat du Maire constatant l'indigence de l'enfant et l'impossibilité de recourir aux ascendants, collatéraux ou amis ; 4° un extrait du rôle des contributions s'il y a lieu. Note : Ces admissions sont prononcées par le Préfet ; elles peuvent être demandées par toute personne même étrangère à la famille de l'enfant (Voir l'arrêté du Préfet de l'Hérault du 15 7ᵇʳᵉ 1860 au recueil des actes administratifs, page 229.)

Placement dans un asile d'un aliéné dangereux ou non dangereux.

Aliéné dangereux. Procès verbal du Maire ou du Commissaire de police.	XLVI 312	On énonce dans le procès-verbal les nom, prénoms, âge, profession, lieu de naissance et domicile actuel de l'aliéné ; on relate d'une manière détaillée, en précisant les dates, les actes de folie auxquels il s'est livré.
Certificat d'un médecin	XLVI 313	On indique dans ce certificat, légalisé par le Maire, l'état mental de l'aliéné, la nature de l'aliénation, et, autant que possible, les causes qui l'ont produite ; on constate d'une manière expresse la nécessité d'un traitement dans un asile spécial.
Rapport du Maire	XLVI 314	Le Maire doit donner dans son rapport les renseignements les plus exacts et les plus circonstanciés sur l'état de fortune de l'aliéné et de ceux de ses parents qui lui doivent des aliments. Leur indigence absolue, si elle existe, devra être constatée.
Pièces justificatives.	XLVI 315	Ce rapport doit être accompagné de pièces justificatives, telles que baux, contrat de mariage, inventaires etc..... et extraits des rôles des contributions délivrés par les percepteurs.
Envoi de ces pièces au Préfet. Séquestration.	XLVI 316	Au vu de ces pièces, le Préfet prend un arrêté qui ordonne la séquestration. Il fait ensuite connaître au Maire la part afférente à la Commune dans la dépense, et de conformer à la délibération du Conseil Général du 7 Août 1857.

Délibération du Conseil municipal sur la dépense mise à la charge de la Commune.	XLVI — 317	Le Conseil municipal peut refuser l'inscription au budget du crédit demandé en indiquant au Préfet dans sa Délibération les ressources dont l'aliéné dispose, soit par lui même, soit au moyen des personnes qui lui doivent des aliments. — Si les ressources sont nulles la commune ne peut refuser son concours, la dépense étant obligatoire.
Aliéné non dangereux Demande d'admission	XLVI — 318	Cette demande contient les nom, prénoms, âge, profession, domicile tant de la personne qui la forme que de celle dont la Séquestration est réclamée, l'indication du degré de parenté ou, à défaut, de la nature des relations qui existent entre elles. Si le demandeur ne sait signer, elle est reçue par le Maire ou le Commissaire de police qui l'adresse au Préfet avec les pièces suivantes :
Certificat du médecin	XLVI — 319	Ce certificat doit être conforme à celui indiqué au Numéro 313.
Pièces justificatives	XLVI — 320	Présentation du passeport ou de toute autre pièce propre à constater l'individualité de la personne à placer.
Avis du Maire	XLVI — 321	Les pièces ci-dessus sont remises au Maire qui les adresse au Préfet avec son avis motivé.
Admission ou rejet	XLVI — 322	Le Préfet par un arrêté prononce l'admission ou la refuse (voir la loi du 30 Juin 1838)
État estimatif.	LV — 323	Le Maire dresse un état intitulé : État estimatif et détaillé du mobilier nécessaire à l'école communale de . . . . . ; il y inscrit chaque objet dont la dépense est à faire avec l'estimation en regard et en additionne le montant.
Délibération du Conseil municipal et demande d'un secours	LV — 324	Cet état est présenté au Conseil municipal qui, vu l'insuffisance des ressources de la Commune pour couvrir la totalité de la Dépense, vote la somme dont il peut disposer et décide qu'un secours sera sollicité auprès du Préfet.
Envoi au Préfet. Décision.	LV — 325	Le Maire adresse ces pièces à ce magistrat qui statue.

Demande d'un secours pour le mobilier de l'école communale

Délibération sur le budget pour l'exercice 1861	326	L'an 1861 et le 1ᵉʳ octobre, le Conseil municipal de la Commune de Sᵗᵉ Anatole réuni extraordinairement, etc.... (voir le Nᵒ 14). = Mᵉʳ le Maire a soumis à l'examen du Conseil le projet du budget de 1861, dressé par lui ; il a donné sur chaque article de recette et de dépense les motifs de ses propositions et les détails nécessaires pour en faire apprécier la nature et l'importance. = Ce projet ayant été discuté article par article, le conseil, après avoir émis des votes et en avoir consigné le résultat au tableau du budget à soumettre à l'approbation de Mᵉʳ le Préfet, a arrêté pour l'exercice 1861 les recettes tant ordinaires qu'extraordinaires à la somme de quatre mille quatre cent vingt francs trente sept centimes, ci ‒ ‒ ‒ ‒ ‒ ‒ 4420ᶠ 37 et les dépenses tant ordinaires qu'extraordinaires à une somme égale de quatre mille quatre cent vingt francs, trente sept Cᵉˢ ci 4420, 37 Fait et délibéré à Sᵗ Anatole, le jour, mois et an que dessus. Protus adjᵗ ... Tous membres ... Maire Collet, Salze, Fabre et P. Cabassut, Bernard, C. Soullié ... Pons ... E. Maître ... Baur ...

Nota. – Si l'assemblée n'avait point approuvé, comme dans cette circonstance, toutes les propositions du Maire, on mettrait après ces mots : Ce projet ayant été discuté article par article, le Conseil y a apporté les modifications suivantes : L'artᵗ ......
de la recette ou de la dépense a été élevé à la somme de .... (indiquer le motif) ou réduit à la somme de .....
etc.... et après avoir émis des votes, etc. ‒ on emploierait une rédaction différente pour le cas où le Maire ne serait conformé aux dispositions des circulaires ministériᵉˡˡᵉˢ de 1812 et de 1824. Il consignerait alors sur un cahier spécial les motifs de ses propositions et les observations du Conseil municipal. Ce cahier et la nouvelle formule de la délibération à prendre seront l'objet des deux articles suivants :

Cahier d'observations du Maire relatif au budget à former	327	_Détail_ des recettes et dépenses proposées par le Maire de la Commune de ... pour la formation du budget de l'exercice 186... et motifs de ses propositions.

Nᵒˢ des articles	Désignation des recettes et Dépenses	Montant proposé de chaque article de recette ou de dépense	Motif des propositions du Maire	Observations du Conseil municipal.
	Titre 1ᵉʳ – Recettes			
	Chapitre 1ᵉʳ			
	Recettes ordinaires			

Le présent cahier d'observations, rédigé par nous, soussigné, Maire de la Commune de .... sera présenté au Conseil municipal dans sa session ordinaire du mois de Mai prochain = Fait à .... le..... = Le Maire =.

Autre formule de délibération sur le budget.	328	L'an 186... le .... , le Conseil municipal de la Commune de .... réuni en session ordinaire etc.... (voir le Nᵒ 19). = Mᵉʳ le Maire a soumis à l'examen du Conseil le projet de budget de 18.. dressé par lui et contenant, sur chaque article de recettes et de dépense, le motif de ses propositions et les détails nécessaires pour en faire apprécier exactement la nature et l'importance. Ce projet, présenté sous forme de cahier d'observations, et appuyé de tous les documents propres à en justifier les propositions, ayant été discuté article par article, le conseil y a apporté les modifications suivantes : Artᵗ 2. de la recette ou de la dépense .... etc.... (On terminera la délibération de même que nous l'avons expliqué Nᵒ 326)

Envoi au Préfet de cette délibération	329	Dans la lettre à adresser au Préfet le Maire doit mentionner sous un Nᵒ d'ordre l'envoi de toutes les pièces indiquées dans la note insérée en regard de la récapitulation générale du budget.

Pièces administratives,

concernant les affaires traitées après le vote du budget.

Mandat de payement — 330

Département de l'Hérault — Visé pour oir timbre N°. à ... le ... 18... = Le Receveur de l'enregist.

Arrond.* de Montpellier — Reçu trente cinq centimes = Non acquitté =

Mairie de St. Anatole — Le Maire de la Commune de St. Anatole, = Arrête : = Le

Exercice 1861 = art. 139 du budget. — Receveur municipal payera à M.* Fédière, maçon, la somme de Cent-Dix francs

(*) Montant du Crédit 250.° — pour l'objet de la dépense et sur la production des pièces ci-après :

N° 1 du registre des mandats du Maire.

Objet de la dépense	Montant du mandat	Indication des pièces à produire à l'appui du mandat.
Réparation au presbytère	110 ⁵ ᶜ	1° Lettre de M.* le Préfet qui autorise l'exécution des travaux par voie de régie administrative ; 2° mémoire des travaux exécutés.

Nota. — Les frais de timbre sont à la charge de la partie prenante. = Si la comptée donnait quittancé était sur papier timbré, il serait inutile de faire timbrer le mandat.

Le présent mandat dûment quittancé par la partie prenante, sera alloué dans le compte du Receveur, en rapportant les pièces ci-dessus relatées. = A Montpellier, le 1.ᵉʳ Avril 1861. = Le Maire (*Nicolas*)

Pour acquit : par duplicata = St Anatole le 10 Avril 1861 = *Fédière*

État de Situation présentant le résumé des recettes et des dépenses avec le montant et la composition de l'encaisse de la Commune au dernier jour du mois de Janvier 1861 — 331

Indication des résultats partiels et détail des valeurs composant l'excédant des recettes.

Fin Janvier 1861

Résultat définitif de l'exercice clos. (Il ne peut en exister.)

Recettes effectuées du 1.ᵉʳ Janvier 1861 à fin Janvier de la même année	464	50
Dépenses opérées du 1.ᵉʳ Janvier 1861 à fin Janvier de la même année	464	50
Excédant des Recettes	464	50

Cet excédant est représenté par les valeurs ci-après, savoir :

Traites d'adjudicataires de coupes ordinaires de bois	300	"
Fonds placés au trésor public	100	"
Ensemble	400	"
Fonds en caisse	64	50
Total égal	464	50

Le présent état de situation certifié exact. Le 1.ᵉʳ février 1861 = Le Receveur. =

État de Situation &c. — 332
au dernier jour du mois de Février 1861

Indication des résultats partiels et détail des valeurs composant l'excédant des recettes.

Fin Février 1861

Résultat définitif de l'exercice clos : (Il ne peut en exister.)

Recettes effectuées du 1.ᵉʳ Février 1861 à fin Février de la même année	464	50
Dépenses opérées du 1.ᵉʳ Février à fin Février de la même année	464	50
Excédant des Recettes	464	50

Cet excédant est représenté par les valeurs ci-après, savoir :

Traites d'adjudicataires de coupes ordinaires de bois	300	"
Fonds placés au trésor public	100	"
Ensemble	400	"
Fonds en caisse	64	50
Total égal	464	50

Le présent état de situation certifié exact. le 1.ᵉʳ Mars 1861 = Le Receveur =

Nota. — Pour connaître l'état de situation de la caisse au 31 Mars, il faut se reporter au fin du bordereau détaillé des recettes et des dépenses de l'exercice 1861 = Le bordereau est placé à la suite des états mensuels dont nous nous occupons.

État de Situation a...	333
au dernier jour du mois d'Avril 1861	

Indication des résultats partiels et détail des valeurs composant l'excédant des recettes — fin Avril 1861

Résultat définitif de l'exercice clos (Il ne peut en exister)
Recettes effectuées du 1ᵉʳ avril à fin Avril de la même année 1861 — 3008 30
Dépenses opérées du 1ᵉʳ avril à fin avril de la même année 1861 — 3028 30
                                                    674 40
Excédant des recettes — 2353 90
Cet excédant est représenté par les valeurs ci-après, savoir:
Traites d'adjudicataire de coupes ordinaires de bois
Fonds placés au Trésor public — 225 "
Avances pour formules de passe-ports — 2000 "
                                              8 "
Fonds en caisse — Ensemble — 2633 "
                                   120 90
                        Total égal — 2353 90
Le présent état de Situation certifié exact = Le 1ᵉʳ Mai 1861 = Le Receveur =

État de Situation 2...	334
au dernier jour du mois de Mai 1861	

Indication des résultats partiels et détail des valeurs composant l'excédant des recettes — fin Mai 1861

Résultat définitif de l'exercice clos (Il ne peut en exister) —
Recettes effectuées du 1ᵉʳ Mai au 31 Mai de la même année 1861 — 3028 30
Dépenses opérées du 1ᵉʳ Mai à fin Mai de la même année 1861 — 3028 30
                                                   674 40
Excédant des recettes — 2353 90
Cet excédant est représenté par les valeurs ci-après, savoir:
Traites des adjudicataires de coupes ordinaires de bois
Fonds placés au Trésor public — 225 "
Avances pour formules de passe-ports — 2000 "
                                              8 "
Fonds en caisse — Ensemble — 2633 "
                                   120 90
                        Total égal — 2353 90
Le présent état de Situation certifié exact le 1ᵉʳ Juin 1861 = Le Receveur =
Nota — Pour connaître la Situation de la caisse au 31 Juin, il faut se reporter au final du Bordereau détaillé des recettes et des dépenses de l'exercice 1861 = Ce Bordereau est placé à la suite des états mensuels dont nous nous occupons.

État de Situation 3...	335
au dernier jour du mois de Juillet 1861	

Indication des résultats partiels et détail des valeurs composant l'excédant des recettes — fin Juillet 1861

Résultat définitif de l'exercice clos (Il ne peut en exister)
Recettes effectuées du 1ᵉʳ Juillet à fin Juillet de la même année 1861 — 6368 55
Dépenses opérées du 1ᵉʳ Juillet à fin Juillet de la même année 1861 — 6368 55
                                                   1739 30
Excédant des Recettes — 4629 25
Cet excédant est représenté par les valeurs ci-après, savoir:
Traites d'adjudicataire de coupes ordinaires de bois
Fonds placés au Trésor public — 150 "
Avances pour formules de passe-ports — 3000 "
                                              4 "
Fonds en caisse — Ensemble — 3154 "
                                  1475 25
                        Total égal — 4629 25
Les besoins du Service exigeant de conserver en caisse la Somme de — 1475 25
Le présent état de Situation certifié exact le 1ᵉʳ Août 1861 = Le Receveur =

336. Les fonds en caisse au commencement de Juillet, ayant été insuffisants pour payer le supplément de traitement du desservant, il a fallu demander le remboursement d'une somme de 110ᶠ. sur les excédants de Recettes placés au Trésor (voir pièces administratives n°. 11 bis)

337.

Indication des résultats partiels (détail des valeurs composant l'excédant des Recettes)	fin août 1861	
Résultat définitif de l'exercice clos (Il ne peut en exister)	"	"
Recettes effectuées du 1er Août à fin Août de la même année 1861	6640	55
Dépenses opérées du 1er Août à fin Août de la même année 1861	6640	55
	3421	80
Excédant des Recettes	3218	75
Cet excédant des Recettes est représenté par les valeurs ci-après, savoir:		
Traites d'adjudicataires des coupes ordinaires de bois		
do Des coupes extraordinaires de bois	150	"
Fonds placés au Trésor public	3000	"
Avances pour formules de passeports	4	.
Fonds en caisse	3154	"
Ensemble	64	75
Total égal	3218	75

Le présent état de situation certifié exact, le 1er Septembre 1861 = Le Receveur = Fréd. Combes

Note — Pour connaître la situation de la caisse au 31 Septembre il faut se reporter au final du bordereau détaillé des recettes et des dépenses de l'exercice 1861. = Ce bordereau est placé à la suite des états mensuels dont nous nous occupons. = Les fonds en caisse étant insuffisants pour couvrir les dépenses du mois d'octobre, il faut demander le remboursement d'une partie de l'excédant des recettes placé au trésor. Ce remboursement doit être autorisé par le Sous-Préfet ou le Préfet suivant les formes ci-dessus énoncées au commencement de ce cours, mais dans la pratique, le mandat est ordonné par ces magistrats, sur la demande du Receveur municipal visée par le Maire.

338. Département de l'Hérault — Arrondissement de Montpellier — Commune de St. Anatole — Le Receveur au trésor est de Fr. 3000.

St. Anatole le 10 octobre 1861 = Le Receveur municipal de la Commune de St. Anatole à Monsieur le Préfet de l'Hérault = Monsieur le Préfet, = J'ai l'honneur de vous prier de vouloir bien m'envoyer une autorisation de remboursement de la somme de huit cents francs sur les fonds placés au Trésor par la Commune de St. Anatole pour pourvoir à l'acquittement des dépenses relatives aux chemins vicinaux, aux loyers des locaux affectés aux services de la Mairie et à l'école, au traitement des employés de la Commune, s'élevant ensemble à la somme de 300ᶠ.

J'ai avec respect, Monsieur le Préfet, votre très humble et très obéissant serviteur, = Fréd. Combes = Vu et visé par nous Maire de la Commune de St. Anatole = le 11 8bre 1861 = Prolas

339. Nous Préfet du Département de l'Hérault, = Vu, 1°. l'arrêté de Mr. le Ministre secrétaire d'État des Finances du 25 9bre 1824, sur le mode et les conditions des placements en compte courant faits au trésor Impérial par les communes et établissements publics; = 2°. la demande du Receveur municipal de la commune de St. Anatole, exposant que les besoins du service exigent le remboursement d'une partie de ses fonds placés au Trésor, à l'effet de pourvoir au payement des dépenses allouées par le Budget; = Savoir: 1°. celle relative aux chemins vicinaux de grande et de moyenne communication, 2°. aux loyers des locaux affectés aux services de la Mairie et à l'école et 3°. aux traitements des employés de la Mairie, s'élevant ensemble à la somme de 800 francs. = 3°. le Compte Courant de la commune de St. Anatole avec le trésor Impérial, d'où il résulte que le crédit actuel est de 3000 francs. = Considérant que cette demande est fondée; = Arrêtons: = Le Receveur Général des finances de l'Hérault remboursera au Receveur municipal de la Commune de St. Anatole la somme de huit cents francs sur les fonds placés par la dite Commune au Trésor Impérial. = Le présent Mandat, dûment acquitté par ce dernier Comptable, sera alloué en dépense au Receveur général des finances. = Fait à Montpellier le 12 8bre 1861 = Pour le Préfet et par délégation = Le secrétaire gal.

Pour acquit de la somme de huit cents francs — Montpellier le 15 Octobre 1861 —
Le Receveur municipal = Fréd. Combes

Changlat

	№	

État de situation 1er … 340
au dernier jour du mois d'Octobre 1861

Indication des résultats partiels et détail des valeurs composant l'excédant des recettes — Fin 8bre 1861

Résultat définitif de l'exercice clos. (Il ne peut en exister.)
Recettes effectuées du 1er octobre à fin octobre de la même année 1861 — 8207 05
Dépenses opérées du 1er octobre à fin octobre de la même année 1861 — 8207 05 / 4672 92
Excédant des Recettes — 3534 13
Cet excédant est représenté par les valeurs ci-après, savoir :
Traites d'adjudicataires de coupes ordinaires de bois — 75
d°   d°   extraordinaires de bois — 1150
Fonds placés au trésor public — 2200
Avances pour formules de passeports — 2
Ensemble — 3427
Fonds en caisse — 107 13
Total égal — 3534 13

Le présent état de situation, certifié exact, ce 1er Novembre 1861 = Le Receveur =

Mandat de retrait, ordonnancé par le Préfet 341

Note — Il faut remplir les formalités indiquées aux n°s 337 et 338 pour obtenir le remboursement par le trésor d'une somme de 1000f nécessaire pour couvrir les dépenses du mois de Novembre.

État de situation 2e … 342
au dernier du mois de Novembre 1861

Indication des résultats partiels et détail des valeurs composant l'excédant des recettes — Fin 9bre 1861

Résultat définitif de l'exercice clos. (Il ne peut en exister.)
Recettes effectuées du 1er novembre à fin novembre de la même année 1861 — 8250 55
Dépenses opérées du 1er novembre à fin novembre de la même année 1861 — 8250 55 / 5785 52
Excédant des Recettes — 2465 03
Cet excédant est représenté par les valeurs ci-après, savoir :
Traites d'adjudicataires de coupes extraordinaires de bois — 1150
Fonds placés au trésor public — 1200
Avances pour formules de passeports — 2
Ensemble — 2352
Fonds en caisse — 113 03
Total égal — 2465 03

Le présent état de situation, certifié exact, le 1er Décembre 1861 = Le Receveur =

Note — Pour connaître la situation de la caisse au 31 Décembre 1861, il faut se reporter au final du bordereau détaillé des Recettes et des Dépenses de cet exercice. Ce bordereau est placé à la suite des états mensuels dont nous nous occupons.

État de situation 3e … 343
au dernier jour du mois de Janvier 1862

Indication des résultats partiels et détail des valeurs composant l'excédant des recettes — Fin Janvier 1862

Résultat définitif de l'exercice clos. (Il ne peut en exister.)
Exercice 1861 { Recettes effectuées en 1861 à la fin de Janvier 1862 — 10208 38
d°   1862   d° — 169 87 } 10404 75
Exercice 1862 … Recettes effectuées en 1862   d° — 26 50
Exercice 1861 { Dépenses opérées en 1861   d° — 7191 52
d°   1862   d° — 417 50 } 7609 02
Exercice 1862 … Dépenses opérées en 1862   d° —
Excédant des Recettes — 2795 73
Cet excédant des Recettes est représenté par des
Traites d'adjudicataires de coupes extraordinaires de bois — 1150
Fonds placés au Trésor public — 1700
Ensemble — 2850
Excédant de Dépense en raison duquel le Receveur a ajourné au mois de Février le payement du supplément de traitement du débitant — 54 27

Le présent état de situation, certifié exact, le 1er Février 1862 = Le Receveur =

Mandat de retrait ordonnancé par le Préfet 344

Il faut remplir les formalités indiquées aux n°s 337 et 338 pour obtenir le remboursement par le trésor d'une somme de quatorze cents francs nécessaire pour couvrir les dépenses du mois de Février.

État de situation 4e … 345
au dernier jour du mois de Février 1862

Indication des résultats particuliers et détail des valeurs composant l'excédant des Recettes — Fin Février 1862

Résultat définitif de l'exercice clos. (Il ne peut en exister.)
Exercice 1861 { Recettes effectuées en 1861 à la fin de Février 1862 — 10208 38
d°   1862   d° — 249 37 } 10523 25
Exercice 1862 … Recettes effectuées en 1862   d° — 65 50
Exercice 1861 { Dépenses opérées en 1861   d° — 7191 52
d°   1862   d° — 1761 50 } 8953 02
Exercice 1862 … Dépenses opérées en 1862   d° —
Excédant des Recettes — 1570 23
Cet excédant des Recettes est représenté par des
Traites d'adjudicataires de coupes extraordinaires de bois — 1150
Fonds placés au Trésor public — 300
Ensemble — 1450
Fonds en caisse — 120 23
Total égal — 1570 23

Le présent état de situation, certifié exact, le 1er Mars 1862 = Le Receveur =
Pour connaître la situation définitive de la caisse à la clôture de l'exercice 1861, il faut se reporter au final du bordereau détaillé des recettes et des dépenses de cet exercice qu'on trouvera ci-après.

346

Bordereau détaillé des Recettes et Dépenses de l'exercice arrêté à la fin de chaque Trimestre. — Exercice 1861. — 1ᵉ Situati[on]

1861, ou Relevé des additions des Comptes ouverts sur les livres de détail, ou des Comptes de Recettes.

Désignation des produits à recouvrer d'après les Budgets, les Rôles et autres titres. (2)	Fixation prévisionnelle des budgets primitifs et supplémentaires (3)	Montant des produits d'après les titres de justificatifs — au 31 Mars (4)	au 30 Juin (5)	au 30 Septembre (6)	au 31 Décembre (7)	au 31 Mars de l'année suivante (8)	Époques auxquelles les produits sont exigibles (9)	Époques auxquelles les comptes et autres titres le concernant (10)	Recouvrements effectués — au 31 Mars (11)	au 30 Juin (12)	au 30 Septembre (13)	au 31 Décembre (14)	au 31 Mars de la 2ᵉ année (15)	Restes à recouvrer à la clôture de l'exercice (16)	Titres des inscriptions hypothécaires. Observations (17)
Chapitre 1ᵉ. — Recettes ordinaires.															
1 Centimes additionnels ordinaires	244 18	247 50	247 50	247 50	247 50	247 50			60 .	50 .	211 .	247 50	247 50	.	
2 Produit des 8 centimes attribués sur le principal des patentes	9 60	9 60	9 60	9 60	9 60	9 60			2 88	5 50	7 50	9 60	9 60	.	
3 Produit de la taxe sur les chiens	52 .	52 .	52 .	52 .	52 .	52 .	pour mémoire		. .	10 .	32 .	42 .	46 .	6 .	
4 Attribution sur amendes de police rurale et municipale	10 .												50 .		
5 Amendes pour délits ruraux	10 .	. .	. .	30 .	50 .	50 .									
— pour délits de chasse	. .	. .	. .	. .	. .	. .									
6 Portions revenant à la commune de produit des permis de chasse	30 .	. .	. .	40 .	50 .	50 .					40 .	50 .	50 .	.	
7 Rentes sur l'État	25 .	25 .	25 .	25 .	25 .	25 .			12 50	12 50	25 .	25 .	25 .	.	
8 Intérêts de fonds placés au Trésor public	9 .	. .	. .	. .	. .	21 .			. .	. .	. .	21 .	21 .	.	
9	16 50	16 50	16 50	16 50	16 50	16 50				9 .	13 .	16 50	16 50	.	
10 au régime forestier	128 50			64 25	64 25	64 25		au 31 Décembre 1864	. .	. .	30 .	60 .	60 .	4 25	
11 Ferme des herbages dans les vieux bois (bois Prébertot)	70 .	. .	. .	70 .	70 .	70 .		au 31 Août 1866	. .	. .	17 50	35 .	52 50	17 50	
12 Ferme des produits des fontaines	50 .	50 .	50 .	50 .	50 .	50 .		au 31 8bre 1866	11 50	25 .	37 50	50 .	50 .	.	
13 Coupes de bois vendues au régime forestier (Prix d'adjudication)	300 .	. .	. .	300 .	300 .	300 .			300 .	300 .	300 .	300 .	300 .	.	
14 Amodiation des pâturages dans ces bois	20 .	20 .	20 .	20 .	20 .	20 .			10 .	10 .	20 .	20 .	20 .	.	
15 Produit récépissé des actes de l'état civil, d'adj. etc.	3 .	. .	. .	. .	. .	3 60		au 31 Août 1866	. .	. .	. .	3 60	3 60	.	
16 Produit de la rétribution scolaire	360 .	120 .	190 70	252 50	360 .	360 .			. .	120 .	190 70	280 60	289 .	3 .	
17 Imposition des 3 centimes pour l'instruction primaire	156 58	156 58	156 58	156 58	155 58	155 58			45 60	89 75	132 95	156 58	168 58	.	
18 Subvention du Dépᵗ ou de l'État au traitement de l'instituteur	83 42	83 42	83 42	83 42	83 42	83 42			. .	40 50	60 30	62 85	85 42	.	
19 pour compléter la dépense de l'école primaire avec autres frais de l'école	102 .	102 .	102 .	102 .	102 .	102 .			. .	25 .	50 .	75 .	102 .	.	
Imposition production, au — produit des 5 centimes	260 97	260 97	260 97	260 97	260 97	260 97			70 50	139 50	206 30	260 97	260 97	.	
— des prestations	660 .	660 .	660 .	660 .	660 .	660 .			. .	. .	571 15	651 15	651 15	8 85	
20 Imposition pour le salaire du garde champêtre	400 .	400 .	400 .	400 .	400 .	400 .			115 .	228 .	338 .	400 .	400 .	.	
Sommes à reporter	3000 03	2805 77	2974 17	2825 12	2981 42	3002 42			681 95	1135 10	2284 70	2693 95	2962 82	39 60	

Colonnes 1 à 9 (page 136)

Art. du Budget (1)	Désignation des produits à recouvrer d'après les Budgets, les Rôles et autres titres (2)	Fixation provisoire d'après les budgets et rôles de recouvrement (3)	Montant des produits constatés — au 31 Mars (4)	au 30 Juin (5)	au 30 7bre (6)	au 31 Xbre (7)	au 31 Mars de la 2e année (8)	Époques auxquelles les produits sont négligibles (9)
	Report	1020 63	2203 77	2274 27	2338 32	2931 42	3002 42	·
23	Imposition pour y suppléer à l'insuffisance des revenus	212 74	212 74	212 74	212 74	212 74	212 74	·
22	Frais de percep. des imp. commun., réglés à 3 4 par franc	40 ·	66 19	66 19	66 19	66 19	66 19	·
	Chapitre 2. — Recettes extraordinaires.							
23	Imposition extraordinaire pour la maison d'école et la Mairie	667 ·	667 ·	667 ·	667 ·	667 ·	667 ·	·
24	d° d° … pour payer l'annuité d'un emprunt	250 ·	250 ·	250 ·	250 ·	250 ·	250 ·	·
25	Produit d'une souscription ou engagement pour recouvrer le produit d'une	142 ·	142 ·	142 ·	142 ·	142 ·	142 ·	·
26	d° d° … en nature … d°	108 ·	108 ·	108 ·	108 ·	108 ·	108 ·	·
	Chapitre 3. — Recettes supplémentaires							
1	Secours accordé par l'État pour l'École et la Mairie	1000 ·	1000 ·	1000 ·	1000 ·	1000 ·	1000 ·	·
2	Produit de la vente d'un terrain communal affecté à cette dépense	1575 ·	1575 ·	1575 ·	1575 ·	1575 ·	1575 ·	·
3	d° … d'une coupe de bois pour … d°	1150 ·	1150 ·	1150 ·	1150 ·	1150 ·	1150 ·	·
4	Recouvrement du Sr de l'évaluation d'un terrain communal à J. Burel	37 50	·	37 50	37 50	37 50	37 50	·
5	d° … et de menues impositions … des paysans	10 50	·	10 50	10 50	10 50	10 50	·
6	d° … 30% sur les communaux … recomposés à la charge	31 50	·	31 50	31 50	31 50	31 50	·
7	Concession de terrain pour sépulture	12 ·	·	12 ·	12 ·	12 ·	12 ·	·
8	Produit d'un emprunt pour construction d'un mobilier	1500 ·	·	·	1500 ·	1500 ·	1500 ·	·
9	Secours accordé par le Préfet pour … d°	300 ·	·	·	300 ·	300 ·	300 ·	·
10	Secours accordé par le Préfet pour mobilier de l'école communale	50 ·	·	·	50 ·	50 ·	50 ·	·
	Recettes autorisées après le règlement des chapitres additionnel							
	Recouvrement pour entrée en jouissance de terrains communaux	·	·	·	50 ·	50 ·	50 ·	·
	d° … pour dommages-intérêts … pour … d°	·	·	·	50 ·	50 ·	50 ·	·
	d° … pour … de jouissance à … d°	·	·	·	150 ·	150 ·	150 ·	·
	d° … de dommages-intérêts pour … d°	·	·	·	150 ·	150 ·	150 ·	·
	Totaux des Recettes …	12185 17	7374 30	9485 70	10854 75	11489 85	11854 25	

Colonnes 10 à 16 et observations (page 137)

Époques auxquelles les recouvrements ont été autorisés … (10)	Recouvrements effectués — au 31 Mars (11)	au 30 Juin (12)	au 30 7bre (13)	au 31 Xbre (14)	au 31 Mars de la 2e année (15)	Restes à recouvrer à la clôture de l'exercice (16)	Dates des inscriptions hypothécaires — Indication du montant et du mode de réalisation des cautionnements. Causes des retards et observations.
·	648 95	1165 10	2264 20	2699 95	2962 82	39 60	
·	57 20	113 20	152 60	212 74	212 74	" "	
·	18 55	26 35	53 35	66 19	66 19	·	
·	196 75	290 88	182 55	667 ·	667 ·	"	
·	72 50	143 50	213 50	250 ·	250 ·	"	
·	142 ·	142 ·	142 ·	142 ·	142 ·	·	
·	·	108 ·	108 ·	108 ·	108 ·	·	
·	·	·	1000 ·	1000 ·	1000 ·	·	
·	·	1575 ·	1575 ·	1575 ·	1575 ·	·	
·	·	·	1150 ·	1150 ·	1150 ·	·	
·	·	·	37 50	37 50	37 50	·	
·	·	·	10 50	10 50	10 50	·	
·	·	·	31 50	31 50	31 50	·	
·	·	12 ·	12 ·	12 ·	12 ·	·	
·	·	·	·	1500 ·	1500 ·	·	
·	·	·	300 ·	300 ·	300 ·	·	
·	·	·	50 ·	50 ·	50 ·	·	
·	·	·	50 ·	50 ·	50 ·	·	
·	·	·	50 ·	50 ·	50 ·	·	
·	·	·	150 ·	150 ·	150 ·	·	
·	·	·	150 ·	150 ·	150 ·	·	
	735 95	3676 20	8081 50	10818 28	11475 25	39 60	

N° de l'art. du budget [1]	Désignation des dépenses faite d'après les Budgets et les autorisations supplémentaires [2]	Crédits ouverts				Époques auxquelles les dépenses sont exigibles [7]
		Disponibles [3]	supplém.ᵉˢ [4]	spéciaux [5]	Total [6]	
	Chapitre 1. — Dépenses ordinaires					
	Section 1. — Frais d'administration, traitements, publications, &c…					
1	Traitement du secrétaire de la mairie	150			150	
2	Frais de bureau de la mairie	30			30	
3	Abonnement au bulletin des lois par un ministère du commune (?)	6			6	
4	Abonnement au bulletin annoté des lois (2ᶠ 50)	2 50			2 50	
5	Frais des registres de l'état civil	32 50			32 50	
6 et 7	Impressions, abonnement au bulletin officiel du dépôt des lois	22			22	
7	Frais de confection des rôles et des matrices et prestations	5			5	
8	Frais de perception des impositions communales	40		26 19	66 19	
9	Timbres des comptes de gestion, des rôles perçus par ordonnance &c.	6			6	
10	Abonnement au Département	2			2	
11	Abonnement au journal de pièces administratif	10			10	
12	Pension du Receveur municipal	130		150	280	
13	Traitement et habillement, agent de police et tambour (?)	50			50	
14	Salaire du garde champêtre	400			400	
16	d° du garde forestier	70			70	
	Section 2. — Dépenses relatives aux biens et aux propriétés de la commune					
17	Contributions des biens communaux	30			30	
18	Ligne sur les biens de main-morte	18 80			18 80	
19	Frais d'assurance contre l'incendie	5			5	au 12 avril
20	10ᵉ du principal de la vente des coupes de bois	15			15	
21	Loyer de la maison commune	50			50	au 1ᵉʳ mars et au 1ᵉʳ novembre
22	Entretien et montage: l'horloge	40			40	
23	d° des aqueducs, fontaines, puits et autres	40			40	
24	Réfection des chemins { sur les fonds ordinaires à la charge / sur les ressources ordinaires	106 99			106 99	
25	Charges des communes { sur les fonds ordinaires / sur les ressources spéciales	200			200	
26	Dépenses de la commune { sur les fonds ordinaires / sur les ressources spéciales	613 98			613 98	
	à Reporter	2065 77		176 19	2241 96	

N° de l'art.	Paiements effectués					Restes à payer à la clôture de l'exercice [13]	Restes annulés faute d'emploi [14]	Indication du montant et du mode de réalisation des cautionnements. Observations. [15]
	au 31 mars [8]	au 30 juin [9]	au 30 septembre [10]	au 31 décembre [11]	à la clôture au 31 mars [12]			
1	»	37 50	75	112 50	150 »	»	» »	
2	»		15	15 »	25 50	»	4 50	
3	»		6	6 »	6 »	»	»	
4	»	2 50	2 50	2 50	2 50	»	» 50	
5	»			22 »	22 »	»	2 »	
6 et 7	»			4 50	20 »	»	» 50	
7	»			4 50	4 50	»	» 50	
8	»			»	66 19	»	»	
9	»		»	6 »	2 »	6	»	
10	»			2 »	2 »	»	»	
11	»		10	10 »	10 »	»	»	
12	»			»	»	271 53	8 47	
13	»	12 50	25	37 50	50 »	»	»	
14	»	100	200	300 »	400 »	»	»	
16	»	17 50	35	52 50	70 »	»	»	
17	»	15 »	30	30 »	30 »	»	»	
18	»	9 40	18 80	18 80	18 80	»	»	
19	»	»	15	15 »	15 »	»	»	
20	»	25 »	25 »	50 »	50 »	»	»	
21	»	»	20 »	20 »	20 »	16	4 »	
22	»	»	36 »	36 »	36 »	»	4 »	
23	»	»	»	18 14	18 14	18 18	»	
24	»	»	»	200 »	200 »	»	»	
25	»	»	»	613 98	613 98	»	»	
	»	224 40	524 30	1591 42	1835 61	382 38	2 3 97	

Crédits ouverts / Paiements effectués — état des dépenses.

N° du budget	Désignation des dépenses à faire d'après les budgets et les autorisations supplémentaires	Restes du budget primitif	Crédit du chapitre supplémentaire	Fonds autorisés spéciaux	Total	Époques auxquelles les dépenses sont exigibles
	Rapport	2068.77		176.19	2244.96	
	Section 3. — Dépenses relatives aux établissements charitables.					
27	Secours au bureau de bienfaisance	50			50	
28	Contingent pour le service de médecine et de pharmacie	12.60			12.60	
	Section 4. — Dépenses relatives à l'instruction primaire.					
29	Traitement de l'Instituteur communal	600			600	
30	Loyer du local affecté au service de l'école et au logement de l'instituteur	100			100	au 1er Mars et au 1er 9bre
31	Achat de mobilier pour l'école communale de garçons	80			80	
32	— de livres pour les élèves indigents	20			20	
	Section 5. — Frais du culte.					
33	Supplément de traitement au desservant	200			200	
34	Secours à la fabrique pour insuffisance de revenus	50			50	
	Section 6. — Garde nationale, fêtes publiques et dépenses imprévues.					
35	Fêtes publiques	45			45	
36	Dépenses imprévues	30			30	
	Chapitre II. — Dépenses extraordinaires.					
37	Construction d'une Mairie et d'une maison d'école	667			667	
38	Construction d'un cimetière	250			250	
39	Réparations au presbytère	250			250	
	Chapitre III. — Dépenses supplémentaires.					
1	Acquisition d'un terrain pour une maison d'école et une mairie		300		300	au 18 juillet
2	Construction d'une maison d'école et mairie		3425		3425	
3	Frais de reconnaissance des terrains communaux		252		252	
4	Frais d'un plan d'alignement du village		100		100	
5	Construction d'un cimetière		1600		1600	
6	Acquisition d'un terrain pour école		200		200	au 18 juillet
7	20e du prix principal		57.50		57.50	
8	Achat de mobilier pour l'école communale des garçons		50		50	
	Total	4420.37	5824.50	176.19	10421.06	

N°	Désignation	Paiements effectués au 31 Mars	au 30 Juin	au 30 Septembre	au 31 Décembre	au 31 Mars fin de l'exercice	Restes à payer à la clôture de l'exercice	Restes annulés faute d'emploi	Observations
	Rapport		224.40	524.30	1591.42	1835.61	382.38	23.97	
27	Secours au bureau de bienfaisance				50	50			
28	Contingent pour le service de médecine et de pharmacie				12.60	12.60			
29	Traitement de l'Instituteur communal		150	300	450	600			
30	Loyer du local		50	50	100	100			
31	Achat de mobilier			80	80	80			
32	— de livres pour les élèves indigents			20	20	20			
33	Supplément de traitement au desservant			100	100	200			
34	Secours à la fabrique				50	50			
35	Fêtes publiques			40	40	40		5	
36	Dépenses imprévues					30			
37	Construction d'une Mairie et d'une maison d'école					667			
38	Construction d'un cimetière							250	
39	Réparations au presbytère		250	250	250	250			
1	Acquisition d'un terrain			300	300	300			
2	Construction d'une maison d'école et mairie			1500	2600	2925	500		
3	Frais de reconnaissance					302			
4	Frais d'un plan d'alignement						100		
5	Construction d'un cimetière				1340	1340	260		
6	Acquisition d'un terrain pour école			200	200	200			
7	20e du prix principal			57.50	57.50	57.50			
8	Achat de mobilier				50	50			
	Total		674.40	3425.60	7491.82	9059.71	1242.31	278.97	

3.º Services exécutés en dehors des budgets.

Recettes

Désignation des Services	au 31 Mars		au 30 Juin		au 30 7bre		au 31 Xbre	
Réclamés pour le service des pensions civiles …	"	"	7	50	15	"	22	50
Part reçue pour l'hospice en pour les pauvres, fonds de corrections retenues dans les ématières …	"	"	"	"	6	"	6	"
Totaux	"	"	7	50	21	"	28	50

Dépenses

Désignation des Services	au 31 Mars		au 30 Juin		au 30 7bre		au 31 Xbre	
Versement au Recr des fin. durci pour le service des pensions civiles …	"	"	7	50	15	"	22	50
Versement à l'hospice ou au bureau de bienfaisance, et la part de prime accordée au …	"	"	"	"	6	"	6	"
Totaux	"	"	7	50	21	"	28	50

Résultat général des opérations effectuées depuis le 1ᵉʳ Janvier jusqu'à la fin de chacun des Trimestres de l'Exercice 1861 et situation de la Commune au dernier jour des mêmes trimestres.

Indication des résultats partiels et détail des valeurs composant l'excédant de Recette.

	1ᵉʳ Trimestre		2ᵉ Trimestre		3ᵉ Trimestre		4ᵉ Trimestre		5ᵉ Trimestre	
Résultat définitif de l'exercice clos …	(il n'en existe point encore).						"		"	"
Recettes à la fin de chaque trimestre …	1135	95	3676	20	8048	70	10208	38	10475	25
Total …	1135	95	3676	20	8048	70	10208	38	10475	25
Dépenses à la fin de chaque trimestre …	"	"	674	40	3421	80	7191	52	9059	71
Excédant des Recettes sur les services compris au budget, à la fin de chaque Trimestre …	1135	95	3001	80	4626	90	3016	86	1415	54
Recettes sur les services exécutés en dehors des budgets …	"	"	7	50	7	50	7	50		
Dépenses pour do do …	"	"	7	50	7	50	7	50		
Excédant de Recettes sur do do …	"	"	"	"	"	"	"	"		
Report de l'excédant de Recettes de la Commune …	1135	95	3001	80	4626	90	3016	86		
Total de l'excédant de Recettes sur tous les services …	1135	95	3001	80	4626	90	3016	86		
Traites d'adjudicataires de coupes ordinaires de bois …	225	"	150	"	75	"	"	"		
do extraordinaires de bois …	"	"	"	"	1150	"	1150	"		
Fonds placés { au Trésor public …	800	"	2700	"	3000	"	1700	"		
à la Caisse des Dépôts et Consignations, pour fonds de retraites …	"	"	"	"	"	"	"	"		
Primes à recevoir pour fournir le passeport …	10	"	4	"	4	"	2	"		
Ensemble …	1035	"	2854	"	4229	"	2852	"		
Fonds en caisse …	100	95	147	80	397	90	64	86		
Total égal …	1135	95	3001	80	4626	90	3016	86		
Le besoin du service exigeant de conserver en caisse la somme de …	"	"	"	"	397	90				
Le Pouvoir municipal versera au Receveur des finances, à titre de placement en compte courant au Trésor, la somme de …										

Nota. Lesdites valeurs représentant l'excédant accroché de l'expiration du 5ᵉ trimestre de l'exercice, se trouve inscrite colonne du 1ᵉʳ trimestre du Bordereau de l'exercice suivt.

Le présent Bordereau certifié exact.

Le 1ᵉʳ Avril 1861	Le 1ᵉʳ Juillet 1861	Le 1ᵉʳ Octobre 1861	Le 1ᵉʳ Janvier 1861	Le 1ᵉʳ Avril 1862
Le Receveur	Le Receveur	Le Receveur	Le Receveur	Le Receveur
[signature]	*[signature]*	*[signature]*	*[signature]*	*[signature]*
Vu pour le 1ᵉʳ trimestre Le Maire	Vu pour le 2ᵉ trimestre Le Maire	Vu pour le 3ᵉ trimestre Le Maire	Vu pour le 4ᵉ trimestre Le Maire	Vu pour le 5ᵉ trimestre Le Maire
Trolas	*Trolas*	*Trolas*	*Trolas*	*Trolas*

Pièces administratives.

<table>
<tr><td>

Délibération sur les chapitres additionnels au budget de 1861.

</td><td>

347

L'An 1861 & le 2 Mai, le Conseil municipal &c... (voir le n°. 19 aux pièces administratives) = M°. le Maire a soumis à l'examen du Conseil le projet des chapitres additionnels au budget de 1861 dressé par lui ; a expliqué, sur chaque article de Recette et de Dépense, les motifs de ses propositions et a donné les détails nécessaires pour en faire apprécier exactement la nature et l'importance. Il a fait observer que ces chapitres se soldaient en déficit à cause de l'inscription sous les N°° d'ordre 3 et 4 de crédits pour payer deux dettes contractées par la commune, la 1re par Délibération du Conseil sous la date du 2 Février dernier, le 2e par une autre délibération du 3 du même mois ; mais que ce déficit sera infailliblement couvert par une augmentation sur le produit des articles de recettes inscrites sous les N°° d'ordre 5 et 6. = Le projet présenté par M°. le Maire, ayant été discuté article par article, le Conseil après avoir réuni ses votes et après en avoir consigné le résultat au Tableau des chapitres additionnels à soumettre à l'approbation de M°. le Préfet, a arrêté pour 1861 les recettes de ce budget supplémentaire à la somme de Cinq mille Six cent soixante six francs cinquante centimes, ci . . . . ſ. 5666, 50

les Dépenses à la somme de Cinq mille neuf cent quatre vingt quatre francs, cinquante centimes . . 5984, 50

et l'excédant de dépenses à la somme de trois cent dix huit francs, ci . . . . 318, "

= Fait et délibéré à S°. Anatole les jour, mois et an que dessus =

Collette Salze — Tradel &c Mustre — S. Cabassut Baux — Mickey &c — Ivolas Maire — C. Saulles

</td></tr>
<tr><td>

Délibération sur le budget de l'exercice 1862.

</td><td>

348

L'An 1861 & le 2 Mai le Conseil municipal &c... (voir n°. 19 aux pièces administratives) = M°. le Maire a soumis au Conseil le projet de budget pour 1862, dressé par lui ; a expliqué, sur chaque article de Recette et de Dépense, les motifs de ses propositions et a donné les détails nécessaires pour en faire apprécier exactement la nature et l'importance = Il a notamment fait observer que 1° le recouvrement de la 2e annuité, s'élevant à 250 f. de l'imposition extraordinaire de 1500 f. votée l'année précédente à l'effet de rembourser un emprunt contracté pour couvrir la dépense d'établissement d'un cimetière, n'a point été inscrit en recette. L'Amortissement de cet emprunt devant commencer fin Décembre 1862, on y emploiera la 1re annuité recouvrée en 1861, sauf à inscrire la 2e au budget de 1863 ; 2° les traitements du Secrétaire de la Mairie et de l'appariteur ont été augmentés de 50 f. chacun pour les mettre en rapport avec l'importance du travail exigé de ces employés. 3° le budget a été établi de manière à présenter un excédant de recette de 37 f 50 c. à l'effet de conserver cette somme provenant de la vente d'un terrain communal pour être placée en rentes sur l'État lorsqu'elle sera réunie à d'autres sommes plus considérables ayant la même origine. = Le projet de budget ayant été discuté article par article, le Conseil conformément aux observations de M°. le Maire a décidé de ne point inscrire au chapitre 2e du titre 1er, la 2e annuité de l'imposition extraordinaire de 1500 f. votée pour amortir l'emprunt contracté à l'effet de payer les frais d'établissement d'un cimetière. Prenant ensuite en considération l'insuffisance des revenus de la Commune, il a apporté au titre 2e les modifications suivantes : = 1° Art. 1er = Le traitement du secrétaire de la Mairie a été ramené au crédit primitif de 150 f. = 2° Art. 14 = Le traitement de l'appariteur a été

</td></tr>
</table>

Pièces administratives

aussi ramené au crédit primitif de 50 francs; cet 3=, Art. 16 — celui du garde forestier a été diminué de 20 francs et réduit à 50 francs; Le Conseil après avoir réuni les votes et en avoir consigné le résultat au tableau du budget à soumettre à l'approbation de M le Préfet, a arrêté pour l'exercice 1862 les recettes tant ordinaires qu'extraordinaires à la somme de trois mille sept cent quatre-vingt dix francs quarante deux centimes ci — 3790,42

= Les Dépenses tant ordinaires qu'extraordinaires à la somme de trois mille sept cent trente deux francs, quatre vingt douze centimes — 3732,92

= Et l'excédant de recettes à la somme de Cinquante sept francs, Cinquante centimes, ci 57,50

= Avant de clôturer le procès-verbal, un membre du Conseil, demandé d'y insérer les observations produites par lui dans la discussion. Elles ont été transcrites en ces termes qu'il a déclaré approuver : Notre commune n'aura réunie plusieurs autres pour l'entretien d'un garde forestier, sont traité a été réparti équitablement par les soins de l'autorité Préfectorale.

je ne reconnais aucun motif plausible pour proposer de le réduire. = La délibération ont signé après lecture faite. =

Collet, Salze, Fadat, E. Cabassut, Bernard, Portes Maire, L. Théâtre, Rain, Vidriès, E. Soullié

= L'an mil huit cent soixante-deux et le trois Mai, les membres composant le conseil municipal de la Commune de Saint-Anatole, &c... (voir le N° 19 aux pièces administratives) = M le Maire a déposé sur le bureau son compte d'ordre et d'administration pour l'exercice 1861. = Il a ensuite présenté des observations sur ce compte, après lesquelles il a déclaré se retirer, conformément aux dispositions de l'art. 25 de la loi du 18 Juillet 1837. = Le Conseil a désigné au scrutin, celui de ses membres qui devrait exercer la Présidence pendant cette séance. M Soulier a été nommé Président, et a accepté ces fonctions. = Le Conseil, Oui le rapport de M le Maire; = Vu les budgets de l'exercice 1861 et les autorisations supplémentaires qui s'y rattachent; les titres définitifs des créances à recouvrer, le détail des mandats délivrés par M le Maire; le Compte d'Administration de l'exercice 1861 accompagné de l'état de liquidation à recevoir ainsi que de l'état des restes à payer et à reporter sur 1862; enfin l'ordonnance du 30 Avril 1835, = Fait observer ... &c(1).

= et procédant au règlement du Compte administratif pour l'exercice 1861, le Conseil propose d'admettre ainsi qu'il suit les recettes et les Dépenses portées dans ce compte, Savoir : = **Recettes** = Les Recettes tant ordinaires qu'extraordinaires de l'exercice 1861, évaluées à la somme de Dix mille quatre cent quatre-vingt dix francs, quatre-vingt sept centimes par le budget primitif des cet exercice et les chapitres additionnels de ce budget, auraient du s'élever, d'après les titres définitifs à la somme de . . . . . . 10514 | 85

Y compris les recettes non portées dans les budgets. = De cette somme, il faut déduire celle de . . . . 39 | 60

= Savoir = Pour non-valeurs justifiées au Compte du Receveur.
= Pour restes à recouvrer également justifiés, et qui seront portés en recette au prochain Compte . . . . 39 | 60
= Pour restes à recouvrer non justifiés, à mettre à la charge du Comptable, qui en sera forcé reçu au prochain C° . . " | "

Somme égale . . . . 39 | 60

Au moyen de quoi, les recettes de 1861 doivent être définitivement fixées à la somme de . . . 10475 | 25

= **Dépenses** = Les Dépenses ont été admises en prévision, dans les budgets primitif et additionnel de 1861, et par des décisions spéciales, pour la somme de . . . . . . 10581 | 06

= De cette somme, il faut déduire celle de . . . . 1521 | 35
= Savoir = 1°. Crédits ou portion de crédits votés sans emploi comme excédant le montant réel des dépenses . . . . . 278 | 97
= 2°. = Dépenses faites, mais non ordonnancées avant le 15 Mars 1862, et à reporter aux budgets suivants. 1242 | 38
= 3°. Dépenses faites et ordonnancées, mais non payées avant le 31 Mars 1862, et à reporter au budget supplémentaire de 1862 . . . " | "

Somme égale . . . . 1521 | 35

Au moyen des déductions ci-dessus, les dépenses de l'exercice 1861 peuvent être définitivement admises pour la somme de . . 9059 | 71
En conséquence les recettes de toute nature étant de . . 10475 | 25
et les Dépenses de . . . . 9059 | 71
Il reste pour excédant définitif de recettes la somme de . . . 1415 | 54

(1) Si le Conseil municipal a des observations à faire sur des articles de recettes ou de Dépenses, il les placera ici dans le même ordre que le Compte d'administration. = Il mettra à la suite de ces observations celles qui seront relatives à l'admission ou au rejet des recettes proposées en non valeurs

qui sera portée en recette. dans les chapitres additionnels au budget de l'exercice 1862 à la section des reports. — Le Conseil déclare en outre, que toutes les opérations de l'exercice 1861 sont définitivement closes, et que les crédits restés sans emploi sont annulés. La présente délibération sera jointe comme pièce justificative, au Compte administratif de l'exercice 1861, et au compte de gestion du Receveur pour l'année 1861. = Fait et délibéré à St Anatole les jour mois et an que dessus. =

Collet, Salze, Fadat, L. Cabassut, Bernard, Michel, Racur, C. Soullié Président de la séance
H. Mestre

350 — L'an 1862 et le 3 Mai, le Conseil municipal, &c... (voir le N° 19 aux pièces administratives). = Mr le Maire a soumis à l'examen du Conseil le projet des chapitres additionnels au budget de 1862 dressé par lui ; a expliqué sur chaque article de recette et de dépense les motifs de ses propositions et a donné les détails nécessaires pour en faire apprécier exactement la nature et l'importance. Il a fait particulièrement observer qu'une section nouvelle a été créée aux dépenses supplémentaires, intitulée Crédits portions de crédit non employés sur le 31 Décembre et reportés à l'exercice courant pour recevoir leur affectation spéciale, à l'effet de couvrir un crédit du budget précédent, devant servir au paiement de la 1ère annuité &c de l'emprunt contracté pour l'établissement d'un cimetière qui devra être payée fin Décembre seulement par suite de conventions faites avec le bailleur de fonds, 2° que si le déficit de 218f résultant de la balance des chapitres additionnels de l'année dernière n'a pu être comblé définitivement, il a été réduit à 37f 24c aux chapitres additionnels de 1862 et sera amplement couvert au moyen d'augmentations de recettes sur le produit des articles 3, 4, 5 et 6 du budget primitif. = Le projet présenté par Mr le Maire ayant été discuté article par article, le Conseil après avoir réuni les votes et en avoir consigné le résultat au tableau des chapitres additionnels à soumettre à l'approbation de Mr le Préfet, a arrêté pour 1862 les recettes de ce budget supplémentaire à la somme de quatorze cent cinquante cinq francs quatorze cent., ci 1455, 14
Les dépenses à la somme de quatorze cent quatre vingt douze francs trente huit centimes, ci . . . ci 1492, 38
et l'excédant de Dépense à la somme de trente sept francs vingt quatre centimes, ci 37.24

Fait et Délibéré à St Anatole les jour mois et an que dessus =

Fadat, Collet, Salze, H. Mestre, Bernard, L. Cabassut, Racur, Michel, C. Soullié, Postas Maire

351 — L'an mil huit cent soixante-trois et le 3 Mai, les membres du Conseil municipal &c... (voir le N° 19 aux pièces administratives) = Mr le Maire a déclaré la séance ouverte. = Le Conseil = Vu le compte qui a été rendu par le Sieur Frédéric Combes, receveur municipal, pour sa gestion pendant l'année 1862 ; les pièces produites à l'appui de ce compte ; les budgets de la commune pour les exercices 1862 et antérieurs ; l'arrêté du Conseil de Préfecture sur le compte de gestion de l'année 186. ; les lois et les règlements sur la Comptabilité, notamment l'ordonnance du 31 Mai 1838 et les circulaires Préfectorales des 8 Avril 1842 et 7 Avril 1843, = Propose de régler ainsi qu'il suit le compte de gestion de 1862, savoir : = En ce qui concerne les services compris dans les budgets (1ère et 2e parties du Compte) : = Recettes opérées pendant les trois premiers mois de 1862, pour l'exercice 1861 (1ère partie du Compte), s'élevant à la somme de . . . . 266 | 87
= À ajouter le reliquat, au 31 Décembre 1861, du compte de gestion de l'année 1861, s'élevant à . . . . . 3016 | 86
Total des Recettes. 3283 | 73
À Déduire les dépenses effectuées pendant les trois premiers mois de 1862, pour l'exercice 1861 (1ère partie) . . . 1868 | 19
D'où il suit que l'exercice 1861 laisse un excédant de recette de la somme de . . . . 1415 | 54
égal aux résultats du compte administratif de Mr le Maire pour le dit exercice.
Recettes effectuées pour l'exercice 1862, du 1er Janvier au 31 Décembre 1862 (2e partie du Compte) . . . . . . 3602 | 14
Total des Recettes au 31 Décembre 1862 5017 | 68
À Déduire les Dépenses effectuées pour le même exercice et pendant la même époque (2e partie) . . . 4513 | 47
Le Comptable est déclaré reliquataire au 31 Décembre 1862, de la somme de . . 504 | 21
En ce qui concerne les services exécutés en dehors des budgets, (3e partie).
Recettes effectuées pendant l'année 1862 . . . . 30 | "
à ajouter le reliquat au 31 Décembre 1861, du Compte de gestion de 1861, s'élevant à . . . " | "
Total des Recettes . . . . . 30 | "
= À Déduire les dépenses effectuées pendant l'année 1862 . . . . 30 | "
Le Comptable est au 31 Décembre 1862 débiteur de la Somme de . . . . " | "
Partant le comptable doit être déclaré reliquataire au 31 Décembre 1862, de la somme totale de . . . . . 504 | 21

égale aux résultats du procès-verbal de vérification de la caisse à la même époque [1]
= Fait et délibéré les jour, mois et an que dessus =

Paiot   L. Mestre   Traun   Joolas   Maire
L. Cabasseut   Estibt Salze   Michel   C. Soullié   Bonnard

Nota. — Les résultats du compte ne doivent pas être changés, à moins que le Conseil municipal ne reconnaisse qu'il existe des erreurs matérielles de calcul dans le compte. Dans ce cas, il motivera les changements qui seraient apportés dans les résultats.

[1] Si le conseil a des observations à faire, il devra les énoncer dans le même ordre que se trouve établi le compte, et en ces termes : Le Conseil fait remarquer que l'examen de ce compte lui a suggéré les observations suivantes, 1° sur la 1re partie du Compte. — Exercice 186., etc . . . .

Fin.

Table alphabétique

des matières.

Contenues dans les deux cahiers.

Suite de la table alphabétique

Suite de la table alphabétique.

C

C

C

Suite de la table alphabétique

D

Suite de la table alphabétique.

Suite de la table alphabétique.

Suite de la table alphabétique

N — O — P

	Pages du 1er cahier	Pages du 2e cahier
N		
Nomination des gardes champêtres	115	"
dº des gardes forestiers	115	.
dº des cantonniers communaux	127	109
dº de cantonniers de tous ou plusieurs Communes	127	109
dº des experts	62	48
dº d'un commissaire relativement au transfert et à la suppression d'un cimetière	76	72
dº d'un commissaire relativement à la vente des cimetières abandonnés	77	74
Notification au Maire des cantons défensables (bois forestiers)	21	56
O		
Octroi	20.21.57 114	"
Outrages envers les gardes champêtres	101	"
Ordonnancement des dépenses de 1861	134,136, 144,	"
dº dº 1862	150	"
P		
Patentes	6.756	3
Pesage (droit de)	20	"
Pâturages	15,20	37
Pavés	118	"
Pensions civiles	83	"
Permis de chasse	10	"
Pièces à produire à l'appui des mandats	135.144	"
Pierre tumulaire	27	"
Plan d'alignement (voirie)	23.70	56

P

	Pages du 1er cahier	Pages du 2e cahier
Plan de terrains usurpés	59	10
dº pour l'établissement d'une foire	72	6.
dº d'une mairie et d'une maison d'école	102	114
dº figuratif des lieux	103.	114.115
dº parcellaire	106	120
dº pour l'établissement d'un cimetière	25,106	63.119
dº pour la vente d'un cimetière abandonné	77	73
Police des chemins	99	"
dº des cimetières	27	"
Pompes à incendie	118	"
Population de la Commune	5	"
Poursuites pour contraventions sur les chemins vicinaux	100	"
Prélèvement au profit de l'État sur la vente des coupes de bois	19.116	
Presbytère	50.100.122	123
Prestations en nature	40.88.	100
dº emploi d'office	94	"
dº ouverture des travaux	89	100
dº hors des limites de la Commune	90	.
dº concours volontaire des communes	96	"
dº dº des particuliers	96	"
dº dº des propriétés de l'État	96	"
Principal des 4 Contributions directes pour 1861	5.55	1
Procès-verbaux des gardes champêtres	100,102	113
dº de reconnaissance, d'estimation et de terrains usurpés	59	8

Suite de la table alphabétique

P

	Pages du 1er cahier	Pages du 2e cahier
Procès-verbaux d'estimation pour vente ou achat de terrains	61.77	26.73
d° relatifs aux aliénés	130	127
d° de reconnaissance des cantons défensables	79	56
Promenades publiques	118	"
Promesses de vente	103	115
d° d'acquisition	77	73
Publication de la liste des plus imposés	"	52
d° de l'imposition d'office pour les chemins vicin^x	41	96
d° de l'arrêté du Préfet indiquant l'époque de l'emploi de la prestation ordonnée d'office	95	109

R

	Pages du 1er cahier	Pages du 2e cahier
Rapport du Maire sur un aliéné	130	127
Réception de la tâche (prestations)	94	104
Recettes ordinaires et extraordinaires	2	"
Receveur Municipal	2,89,114,127 163,165	100
Redevances pour terrains communaux usurpés	12	6
Régie administrative	67.98	"
Régime forestier	16	"
Registre des déclarations pour les chiens	9	4
d° de l'État civil	112.125	"
d° de déclarations de détenteurs de terrains usurpés	60	14
d° matricule des élèves reçus à l'école communale	31.33	77.89
d° des déclarations de têtes de bétail que les habitants désirent envoyer aux pâturages communaux	17	38
d° des mandats de payement 1861	135	"
d° du garde champêtre	101	113
d° des déclarations d'option (prestations)	89	98
d° des mandats de payement 1862	150	"
Relevé sommaire des dépenses à faire pour les chemins vicinaux ordinaires en 1861	39	93
Remises du Receveur municipal	114	127

R (suite)

	Pages du 1er cahier	Pages du 2e cahier
Remises ou modérations d'amendes	58	"
Rentes sur l'État	10	"
Réparations au Presbytère	109	123
Répartitions (commissaires)	56	1,2
Répartition de l'impôt direct	55	"
Répertoire administratif	58	83
Réunion des Communes pour un garde	45	"
Réunion du Conseil municipal	1	"
Responsabilité du garde champêtre	102	"
Restes à payer de l'exercice 1861	148	"
d° à recouvrer de l'exercice 1861	149	"
Retenue sur le traitement des instituteurs	83	90
Rétribution Scolaire	28,82	77.39
Rôles pour le recouvrement des taxes dues par les habitants qui jouissent en commun des pâturages	15	41
d° de la prestation en nature	89	100
d° (restant du) prestation en nature	92	105
d° des redevances	15	6
d° pour le recouvrement du 5e de l'évaluation des terrains Comm^x concédés aux détenteurs	60	18
d° d° du 5e de l'indemnité pour indue jouissance	60	19
d° d° pour le 5e des frais de reconnaissance &c	60	19
d° de la rétribution scolaire pour les parents des élèves de la commune qui ont fréquenté l'école	31	82
d° de la rétribution scolaire pour les parents des élèves des communes voisines &c	33	87
d° extrait du rôle adressé aux parents	33	89

S

	Pages du 1er cahier	Pages du 2e cahier
Secours à la Commune ou Subvention	37,105,107,152	"
d° à l'hospice	118	"
d° au bureau de bienfaisance	118	"

Suite de la table alphabétique

FIN.